Reinhard Abeln

Zum Glück gibt's Enkelkinder

topos taschenbücher, Band 1098
Eine Produktion des Verlags Butzon & Bercker

Reinhard Abeln

Zum Glück gibt's Enkelkinder

Ein Lesebuch

topos taschenbücher

Verlagsgemeinschaft topos plus
Butzon & Bercker, Kevelaer
Don Bosco, München
Echter, Würzburg
Matthias Grünewald Verlag, Ostfildern
Paulusverlag, Freiburg (Schweiz)
Verlag Friedrich Pustet, Regensburg
Tyrolia, Innsbruck

Eine Initiative der
Verlagsgruppe engagement

www.topos-taschenbuecher.de

Bibliografische Information der Deutschen Nationalbibliothek
Die Deutsche Nationalbibliothek verzeichnet diese Publikation in der Deutschen Nationalbibliografie; detaillierte bibliografische Daten sind im Internet über http://dnb.d-nb.de abrufbar.

ISBN: 978-3-8367-1098-5

2017 Verlagsgemeinschaft topos plus, Kevelaer
2. Auflage (1. Auflage 2009)

Umschlagabbildung: © Romrodphoto/shutterstock
Einband- und Reihengestaltung: Finken & Bumiller, Stuttgart
Satz: SATZstudio Josef Pieper, Bedburg-Hau
Herstellung: Friedrich Pustet, Regensburg
Printed in Germany

Inhalt

„Ich liebe meine Großeltern
und sie lieben mich.
Das ist das einzige Wahre."

Aus einem Kinderaufsatz

Ein Wort zuvor

Liebe Großeltern,

wissen Sie, welch große Bedeutung Ihnen heute im Umgang mit Ihren Kindern und Enkelkindern zukommt? Leider gibt es immer wieder banale Misstöne und tragische Irrtümer, wenn vom Umgang der Generationen miteinander die Rede ist.

Ich darf Ihnen versichern, dass Sie als Großeltern viel für die „junge Familie", besonders für deren Sprösslinge, tun können. Sie sind aufgrund Ihres Alters und Ihrer Lebenserfahrung innerlich zur Ruhe gekommen und darum die idealen Partner für Ihre Enkel: Sie haben Geduld, verfügen über Zeit, können zuhören und trösten, sind liebevolle Gesprächspartner.

Damit ist Ihre besondere Aufgabe als Oma und Opa beschrieben. Es wird Ihnen Spaß machen, wenn die Kinder Sie als erwünschte Partner anerkennen und mit ihren Fragen, Problemen und Sorgen zu Ihnen kommen. Und: Sie werden mit Ihren Enkeln wieder jung! Denn Enkel schenken Ihrem Leben Sinn und Lebensfreude.

Dieses Lesebuch will Ihnen durch zahlreiche (nachdenkliche und unterhaltsame) Gedanken und Geschichten, Märchen und Gedichte, Aphorismen und Lebensweisheiten in Ihrer Rolle als Oma und Opa eine kleine Hilfe sein. Es enthält Anregungen, die Sie überdenken und ausprobieren können. Wahrscheinlich kommen Ihnen dann auch Einfälle, die viel besser zu Ihrer Situation, zu Ihren Kindern und zu Ihren Enkelkindern passen.

Es wäre mein Wunsch, dass Sie erkennen, wie schön es ist, Kindern durch Zeit, Zuwendung und Geduld den Weg ins Leben zu bahnen, und dass Sie mit frohem Herzen sagen können: „Zum Glück gibt's Enkelkinder!"

Reinhard Abeln

So sind Kinder

Ein Kind ist
wie ein Buch,
aus dem man lesen
und in das
wir schreiben sollen.

Peter Rosegger

Ein Kind ist
wie ein Neujahrstag,
es trägt ein ganzes Leben
in seinem Schoß.

Jeremias Gotthelf

Kinder sind wie Blumen.
Man muss sich
zu ihnen niederbeugen,
wenn man sie
erkennen will.

Friedrich Fröbel

Wo Kinder sind,
da ist ein
goldenes Zeitalter.

Novalis

Ein Kind ist ein
kostbares Ding
und eine
schwere Bürde.

Afrikanisches Sprichwort

Kinder sind eine
Brücke zum Himmel.

Aus Persien

Kinder sind
eine Gabe des Herrn,
die Frucht des Leibes
ist sein Geschenk.

Psalm 127,3

Großeltern sind ein Segen

Bei Oma und Opa geborgen

„Großmütter und Großväter sind für eine Familie ein Segen.“ Diesen Ausspruch tat einmal eine Mutter während eines Gesprächs in einem Erziehungsseminar. In diesem knappen Satz ist ausgedrückt, was uns erfahrene, im Umgang mit Enkeln geübte Erzieher immer wieder bestätigen: Großeltern sind für die Entwicklung eines Kindes, besonders für dessen seelische und charakterliche Entfaltung, ein großer Reichtum.

Oma und Opa können ihren Enkeln Entscheidendes für das Leben mitgeben. Sie sind so etwas wie ein „seelischer Kachelofen“ für die Kinder: Sie strahlen Wärme und Behaglichkeit aus. Und das liegt nicht allein an ihrer Lebenserfahrung, sondern vor allem daran, dass sie Zeit haben – Zeit zum Erzählen und Vorlesen, Zeit, um mit sanften Worten kindlichen Kummer wegzutrösten, Zeit zum geduldigen Zuhören, wenn Kinder von ihren Erlebnissen berichten möchten ...

Das Fehlen von Großeltern ist für die Enkel ein spürbarer Verlust. Von Johann Wolfgang von Goethe (1749–1832), dem großen deutschen Dichter, wissen wir, wie gern er als Kind im Wirtshaus seiner Großeltern zu Besuch war. Ein Niederschlag seiner Kindheitseindrücke findet sich in den Wirtshausszenen seiner Werke – von der Herberge im Walde im „Götz von Berlichingen“ bis hin zu Auerbachs Keller im „Faust“.

Es ist schön, wenn Großeltern Zeit und Ruhe haben, um für ihre Enkelkinder zu sorgen, mit ihnen zu spielen, ihnen zuzuhören, sie zu trösten, für sie da zu sein. Manche Großeltern versichern, für ihre eigenen Kinder nicht so viel Zeit gehabt zu haben wie für ihre Enkelkinder. Für die Enkel ist diese Erfahrung von unschätzbarem Wert!

Verschiedene wissenschaftliche Untersuchungen haben ergeben, dass Großeltern einen wertvollen Beitrag für eine seelisch stabile Entfaltung der jungen Generation leisten. Alle Untersuchungen kommen zu dem gleichen Ergebnis: Kinder, die von den Großeltern großgezogen werden, sind in der Regel besonders gut und liebevoll gepflegte Kinder! Außerdem sind sie ihren Altersgenossen in ihrer Entwicklung weit voraus: Sie haben einen größeren Wortschatz, formulieren besser und erfassen schneller Begriffe und Zusammenhänge.

Christa Meves, die bekannte Psychotherapeutin und Großmutter mehrerer Enkel, kommt zu dem gleichen Ergebnis: „Es ist eine großartige Sache, wenn ein Kind Großeltern hat. Denn eines brauchen unsere Kinder im unnatürlichen Leben unserer Zeit dringlicher denn je, wenn sie angstlos aufwachsen sollen: dass sie beschützt und geborgen sind. Ein Lebensraum – gefüllt mit Geduld, Zeit und Liebe – ist für die Erziehung eines Kindes von unschätzbarer Bedeutung!"

Großeltern sind eine unversiegbare Quelle an Erfahrungen und Lebensweisheit. Sie wissen Rat und können weiterhelfen. Deswegen kommen Enkel – trotz des großen Altersunterschiedes – oft lieber mit ihren Sorgen zu Oma und Opa als zu Mutter und Vater. Großeltern haben meistens das „richtige Gespür" und finden das passende Trostpflästerchen für das aufgeschlagene Knie, den ersten Liebeskummer, das verlorene Fußballmatch oder für die nicht erfolgreich abgeschlossene Prüfung.

Eine verwitwete Lehrerin und Großmutter hat einmal geschrieben: „Meine drei Enkel machen mir große Freude. Ich freue mich jedesmal, wenn sie zu mir kommen. Sie vertrauen mir sogar Herzensdinge an, die sie bei ihren Eltern verschweigen. Auch wollen sie viel aus der Vergangenheit unserer Familien wissen. Das alles tut einer Großmutter gut!" Gerade der Geborgenheit wegen hängen viele Enkel in oft abgöttischer Weise an ihren Großeltern!

Gute Großeltern zeichnen sich dadurch aus, dass sie so etwas wie ein „letzter Fluchtpunkt" sind, bevor alle Stränge reißen. Oma und Opa sind für viele Enkel ein verlässlicher Rückhalt. Vor Kurzem sagte eine Mutter zu ihrem fünfjährigen Sohn, der sie ein wenig unvorsichtig geschubst hatte: „Vorsicht, du brauchst mich noch!" Darauf erwiderte der Junge verschmitzt: „Meinst du? Schließlich habe ich ja auch noch Großmutter!"

Erfahrene Erzieher haben uns wiederholt versichert, dass die Vorteile, eine Oma oder einen Opa in der Nähe zu haben, die gelegentlich geäußerten Nachteile – wie Verwöhnung, Nachgiebigkeit, Großzügigkeit oder Einmischung – bei Weitem überwiegen. Kein Babysitter und kein Kinderhort können einem Kind so viel an Zuwendung und Lebenshilfe schenken wie gute Großeltern. Kinder erinnern sich später sehr deutlich an ihre glücklichen Erlebnisse mit den Großeltern.

Großmutter und Großvater – woher kommen die Namen?

Großmutter ist in der deutschen Sprache die korrekte Bezeichnung für die Mutter von Vater oder Mutter. In der Umgangssprache wird sie auch Großmama (= vornehme alte Dame) genannt. Entsprechendes gilt für die Bezeichnung Großvater.

Das Wort Großmutter erscheint erstmals um 1400. Es ist eine Lehnübersetzung von grand-mère aus dem Französischen. Großvater ist die Lehnübersetzung des französischen grand-père.

Großvater und Großmutter sind an die Stelle von Ahne und Ahnin getreten. Diese Worte kommen vom althochdeutschen Ano (Vorfahr), doch ebenso vom lateinischen anus (altes Weib) oder vom griechischen annis (Großmutter).

Großmuttertag

Die Familien in Bulgarien feiern am 20. Januar den „Großmuttertag“. Ein besonderer Ehrentag für die Großmutter – wäre das nicht eine gute Idee auch für unser Land?

An diesem Tag könnten Großeltern, Eltern und Enkel ein schönes Fest miteinander feiern. Es gibt ein gutes Mittagessen, das Lieblingsgericht der Großmutter, und am Nachmittag Kaffee und Kuchen.

Großmütter sind wichtige Personen, denn Großmütter wissen viele Geschichten von früher, die die Eltern vergessen haben und die die Enkel noch nicht kennen. Sie wissen alles aus ihrer eigenen Kindheit und der Kindheit von Vater und Mutter.

Sie können erklären, wer mit wem verwandt ist und wer wen geheiratet hat.

Am Großmuttertag ist Gelegenheit, über vergangene Zeiten zu reden und Dinge zu erfahren, die man niemanden mehr fragen können wird, wenn es Großmutter einmal nicht mehr gibt. Den Enkeln werden die Bilder von der Großmutter in den alten Fotoalben besonders gefallen: Großmutter als Baby auf dem Arm der Urgroßmutter, Großmutter mit ihrer Schulklasse, Großmutter auf dem Gruppenfoto von der Konfirmation/Firmung, Großmutter in der Tanzstunde ...

Apropos Großvater: Damit er sich nicht benachteiligt fühlt, sollte er natürlich auch einen eigenen Tag bekommen. Ob es wohl in irgendeinem Land der Erde einen „Großvatertag" gibt? Wenn nicht, könnten wir ja damit anfangen!

Alt und Jung brauchen einander

Erich Kästner (1899–1974), der bekannte Schriftsteller, hat einmal gesagt: „Ohne die Vorfahren wäre man im Ozean der Zeit – wie ein Schiffbrüchiger auf einer winzigen und unbewohnten Insel – ganz allein. Mutterseelenallein. Großmutterseelenallein. Urgroßmutterseelenallein."

Das ist schön formuliert. Es ist töricht, wenn junge Menschen meinen, sie könnten ohne die Alten leben. Wer die Alten vergisst, vergisst die Menschen, die Welt, vergisst den Himmel, das Leben und vergisst auch sich selbst. Ebenso töricht ist es, wenn alte Menschen meinen, sie könnten ohne die Jungen leben. Alt und Jung brauchen einander. Sie können nicht ohne einander sein. Sonst verarmt das menschliche Leben.

Kaum etwas tut der Welt und dem menschlichen Leben in ihr heute mehr not als das Miteinander der Generationen. Nur als Partner bewältigen wir unser Leben. Dafür braucht es ein wenig Geduld und Toleranz, Entgegenkommen und Verständnis auf beiden Seiten. Wenn wir uns alle ein bisschen Mühe geben, gut miteinander auszukommen, den anderen zu schätzen und ihn sein Leben leben zu lassen, dann könnte es doch so herrlich auf Gottes Welt sein!

„Bei Oma und Opa ist es schön"

Tobias ist sieben Jahre alt. Seine Großeltern wohnen am Stadtrand in einem kleinen Haus. Jede Woche besucht Tobias die Großeltern. Das ist immer ein besonders schöner Tag, auf den er sich sehr freut.

Kaum hat Tobias die Haustür geschlossen, steigt ihm der gute Duft von Omas Kuchen in die Nase. Oma backt jede Woche für ihren Enkel den süßesten und größten Kuchen, den man sich denken kann. Sie tut dies nach altem Rezept.

Tobias freut sich, wenn ihm die Großmutter schöne Geschichten erzählt. Besonders glücklich ist er, wenn er dem Großvater viele Fragen stellen darf. Opa weiß auf alles eine Antwort und wird nie ungeduldig. „Frag nur", sagt er immer wieder zu seinem neugierigen Enkel.

Waldi, der kleine Dackel von Oma und Opa, wartet sehnsüchtig darauf, dass Tobias im Garten mit ihm „Fangen" spielt. Waldi läuft voraus, Tobias hinterher. Die „wilde Jagd" geht so lange im Kreis herum, bis beide müde sind. Tobias füllt frisches Wasser in die Hundeschüssel, damit Waldi seinen Durst löschen kann.

Im Garten steht eine Tonne, in der Opa das Regenwasser auffängt. Für Tobias ist dies ein herrlicher See. Da kann er seine Papierschiffchen schwimmen lassen. Einmal hat er auch schon sein kleines Elektroboot darauf fahren lassen.

In Großvaters Gartenhaus steht eine richtige Hobelbank. Die ist für Tobias besonders interessant. Opa hat sie von seinem Vater geerbt und arbeitet oft daran. Am schönsten ist es, wenn Tobias seinem Großvater bei der Arbeit zuschauen und gelegentlich auch helfen darf.

Tobias beobachtet im Garten gerne Tiere. Wenn er unter dem groben Apfelbaum sitzt, dann schaut er den Meisen und Amseln zu, wie sie miteinander um die Wette singen und dabei flink ihre Köpfchen drehen. Manchmal darf Tobias dem Opa helfen, ein neues Blumen- oder Gemüsebeet herzurichten.

„Es ist jetzt gleich 18 Uhr", ruft Oma Tobias zu, „du musst dich wieder auf den Heimweg machen!" Schade, dass der Tag so schnell vergangen ist, denkt Tobias und bedankt sich bei den Großeltern für den schönen Nachmittag. Zu seinen Eltern sagt er: „Bei Oma und Opa ist es schön!"

Bei den Teenies hoch im Kurs

Nicht selten bekommen Großeltern für Enkel in der Pubertät eine neue, wichtige Bedeutung. Wenn der Ton im Elternhaus rauer, die Auseinandersetzungen schärfer werden, tut es einfach gut, jemanden zu haben, bei dem man sich verstanden und rundherum angenommen fühlt.

Dabei müssen Großeltern keineswegs die „Cool-Sprache" der Teenies beherrschen oder über aktuelle Gegebenheiten aus der

„Szene“ informiert sein, um mit ihren Enkeln auf eine Wellenlänge zu kommen. Was Kinder an ihren Großeltern vor allem schätzen, ist deren Persönlichkeit.

Die Großeltern sind für Enkel etwas Besonderes, weil sie vieles lockerer sehen als die Eltern. Oma und Opa strahlen so eine wohltuende Ruhe, so eine hilfreiche Gelassenheit aus, die Heranwachsende anspricht und fasziniert.

Schach mit dem Enkel

„Am vergangenen Sonntag“, erzählt eine 65-jährige Großmutter, „war ich in der jungen Familie eingeladen. Nach dem Mittagessen sagte mein 14 Jahre alter Enkel Robert spöttisch: ‚Oma, der Arzt hat gesagt, du musst deinen Kopf trainieren, dann bleibt er besser in Schwung! Hast du Lust, ein paar Spiele mitzumachen – Monopoly, Memory, Mensch-ärgere-dich-nicht, Schach?‘ Ich sagte zu und wir spielten mehrere Stunden.

Was Robert auf seine Weise spöttisch formulierte, enthält viel Wahres. Das Gehirn muss ständig beansprucht und bewegt werden, auch oder gerade im Alter. Wer sein Gehirn durch ständige Übungen trainiert, hält sich geistig fit. Zu diesen Übungen gehören Gesellschaftsspiele ebenso wie Kreuzwort- und Silbenrätsel.

Auch ‚Schach‘ gehört dazu. Ich habe es in jungen Jahren oft mit meinem Mann gespielt. Sicherlich ist Schach nicht jedermanns Sache, doch wer es spielt oder früher einmal gespielt hat, sollte es später nicht vernachlässigen.“

Lernfähig

Als Mark Twain noch Redakteur einer Zeitung war, erhielt er eines Tages den Klagebrief eines Siebzehnjährigen:

„Ich verstehe mich nicht mehr mit meinem Vater. Er ist rückständig und hat keinen Sinn für Modernes. Was soll ich tun?"

Mark Twain antwortete: „Ich kann Sie gut verstehen. Als ich 17 Jahre alt war, war mein Vater ebenso ungebildet. Aber haben Sie Geduld mit so alten Leuten, sie entwickeln sich langsamer. Zehn Jahre später, als ich 27 Jahre alt war, hatte er so viel dazugelernt, dass man sich schon ganz vernünftig mit ihm unterhalten konnte. Und heute – ob Sie es glauben oder nicht – frage ich meinen Vater, wenn ich keinen Rat mehr weiß. Es ist verblüffend, was der alte Herr in der Zwischenzeit alles gelernt hat!"

Die Lebensrechnung

„Ich bin soeben Großvater geworden", eröffnete ein Fünfundfünfzigjähriger seinen Freunden. Die üblichen Glückwünsche sind fällig.

Einer der Kollegen zieht den neuen Großvater zur Seite und fragt im Flüsterton: „Ein Enkelkind – ist das nicht belastend?" Mit dessen Geburt, so heißt es, müsse sich doch für den Vater des Vaters das Gefühl verbinden, nun ein „Alter" geworden zu sein, einer, der vom Leben nicht mehr viel zu erwarten habe.

Der neue Großvater hat dagegen eine Rechnung bereit: „Ich gehe davon aus, dass ich mit Gottes Hilfe in Gesundheit noch mindestens achtzig Jahre alt werde. Dann erlebe ich fünfundzwanzig Jahre eines Menschenlebens.

Ich erlebe, wie mein Enkel als Kind heranwächst. Ich erlebe dessen Schulzeit, dessen Berufsausbildung, dessen erste Liebe, vielleicht auch seine Hochzeit. Das ist ein gewaltiger Lebensabschnitt. Und das habe ich im Mit-Erleben mit meinem Enkel vor mir. Ist das nichts?“

Ja, das ist wirklich etwas! Wer miterleben darf, wie seine Enkel aufwachsen und zufrieden und glücklich durchs Leben gehen können, hat selber Anteil an ihrem Glück und fühlt sich keineswegs „alt“.

Das „Anderssein“ macht’s

„Es ist das Anderssein“, sagt ein Psychologe, „das Großeltern für die Enkelkinder so anziehend und liebenswert macht.“

Die Großeltern strömen Ruhe und Geduld aus; bei ihnen geht es nicht so hektisch zu wie zu Hause. Herrlich für die Kinder, da sich ihnen jemand ganz intensiv zuwendet – ob sie nun klein oder schon größer sind und Gesprächspartner brauchen.

Opa und Oma können gelassen mit den Kindern umgehen. Die Last der Erziehung sitzt ihnen nicht mehr im Nacken. Sie fordern nichts von den Kindern, sie geben.

Großeltern geben ihren Enkeln Liebe und Zuwendung, Abwechslung und Beachtung. Sie freuen sich an ihnen und wollen oft das wettmachen, was sie früher bei den eigenen Kindern beim mühsamen Aufbau der Familie versäumt haben. Und die Enkel genießen das!

Vielleicht hören Oma und Opa eines Tages aus dem Mund ihrer Enkelkinder den schönen und beglückenden Satz: „Zum Glück hatten wir euch als Großeltern!“

Großelternsein ist ein großes Glück – für die junge Familie und für die Großeltern selbst. Und wenn diese wissen wollen, ob sie auf dem richtigen Weg sind, sollten sie sich möglichst oft an ihre eigene Kindheit erinnern, an alles, was sie als Kind selbst gefühlt und erlebt haben!

„Oma so lieb, Oma so nett"

Vor vielen Jahren hat Heintje das schöne Lied von der Oma gesungen, an das sich viele Großeltern noch heute gern erinnern:

„Oma so lieb, Oma so nett,
ach, wenn ich dich, meine Oma, nicht hätt',
wär's auf der Welt so traurig und leer,
denn eine Oma wie dich gibt's nie mehr.

Ich hab die beste Oma, die liebste von der Welt,
bei ihr, da darf ich alles, wie mir es grad gefällt,
und schimpft dann meine Mutti: ‚Ach, du verwöhnst ihn noch',
dann lächelt Oma zärtlich und sagt: ‚Ich darf das doch.'

Oma so lieb, Oma so nett ...

In Omas kleinem Zimmer sitz ich so gern bei ihr,
sie weiß die schönsten Märchen und die erzählt sie mir.
Ich streichle ihre Hände, und schaut sie mich dann an
und fragt: ‚Was ist, mein Junge?', sag ich ganz leise dann:

Oma so lieb, Oma so nett ..."

Der Johannisbrotbaum

Ein Weiser mit Namen Choni, so erzählt eine überlieferte Geschichte, ging einmal über Land und sah einen Mann, der einen Johannisbrotbaum pflanzte. Er blieb bei ihm stehen, sah ihm zu und fragte: „Wann wird das Bäumlein wohl Früchte tragen?"

Der Mann erwiderte: „In siebzig Jahren!"

Da sprach der Weise: „Du Tor! Denkst du, in siebzig Jahren noch zu leben und die Früchte deiner Arbeit zu genießen? Pflanze lieber einen Baum, der früher Früchte trägt, dass du dich ihrer erfreust in deinem Leben!"

Der Mann aber hatte sein Werk vollendet und sah freudig darauf und er antwortete: „Rabbi, als ich zur Welt kam, da fand ich Johannisbrotbäume und aß von ihnen, ohne dass ich sie gepflanzt hatte, denn das hatten meine Väter getan. Habe ich nun genossen, wo ich nicht gearbeitet habe, so will ich einen Baum pflanzen für meine Kinder und Enkel, dass sie davon genießen. Wir Menschen mögen nur bestehen, wenn einer dem anderen die Hand reicht."

Jeden Enkel vorbehaltlos bejahen

Ein junger Mann – so erzählt eine Kurzgeschichte – war bei einem älteren Freund zu Gast, dessen Gerechtigkeitssinn gerühmt wurde. Er sah, wie der Ältere mit seinen Kindern umging, und er wunderte sich sehr: „Du sagst, dass du jedes deiner Kinder so liebst wie das andere. Nun sehe ich aber, dass du sie unterschiedlich behandelst. Wo bleibt da die Gerechtigkeit?"

„Sie besteht darin", antwortete der Ältere, „dass ich mich bemühe, jedem Kind gerecht das zuzuteilen, was es braucht. Würde ich sie alle gleich behandeln, wäre ich wohl sehr ungerecht."

Diese kleine Erzählung macht deutlich, dass es für Großeltern unmöglich ist, alle Enkel gleich zu behandeln. Kein Kind ist so wie das andere. Jedes Kind ist eine eigene Persönlichkeit, die es nur einmal auf der Welt gibt.

Großeltern werden ihren Enkeln nicht dadurch gerecht, indem sie diese wie mit dem Rasenmäher gewaltsam auf die gleiche Höhe stutzen. Vielmehr gilt es, jedes Kind in seiner Eigenart vorbehaltlos anzunehmen und zu lieben.

Eine Menge Einfluss

Großeltern haben eine Menge Einfluss auf ihre Enkel. Sie sollten ihn nutzen: mit ihnen ein Museum, eine Ausstellung, den Zoo oder ein Orgelkonzert in der Kirche besuchen. Kinder lieben das. Informieren, fragen, Prospekte holen, Eintrittskarten kaufen ... Die Kinder erkennen die Großeltern als erwünschte Partner an.

Die vielen Möglichkeiten der Großeltern dürfen den Kindern aber nicht aufgedrängt werden. Vernünftige Großeltern werden erspüren, wann und wie sie ihre Chancen nützen können.

Reiches Großelternleben

Reichtum des Großelternlebens:
Gebrauchtwerden,
Geliebtsein,
Spielendürfen,
Unterrichtetsein,
nicht nur in der Vergangenheit leben,
sondern mit den Jungen in der Gegenwart.

Gerda Röder

Großeltern besitzen, was man für den Umgang mit Kindern benötigt: Sie haben Zeit, sie haben Geduld und sie haben die längere Lebenserfahrung.

Ruth Dirx

Was Großeltern und Eltern verbindet, das ist das Wohl des Kindes und nochmals das Wohl des Kindes.

Ulrich Beer

Großeltern zu sein ist kein Verdienst. Enkel zu sein ist auch kein Verdienst. Aber wenn beide Seiten füreinander da sind – das ist ein Verdienst.

Reinhard Abeln

Sich heranwachsenden Menschen zuzuwenden, für sie da zu sein und ihr Werden und Gedeihen zu begleiten – diese Aufgabe gibt dem Leben der Großeltern Sinn, Inhalt und geistige Erfüllung.

Anton Kner

Die edelsten und zärtlichsten Gefühle entwickeln alte Menschen ihren Enkelkindern gegenüber.

Simone de Beauvoir

Großeltern sind Eltern, denen der liebe Gott eine zweite Chance gegeben hat.

Holländisches Sprichwort

Gute Großeltern gleichen Regenschirmen, sind Schlechtwetterschutz. Sie sind da, griffbereit, doch sie drängen ihre Hilfe nicht auf.

Anna Six

Viel zu verdanken

Unendlich viele Kinder
haben ihrer Großmutter
mehr zu verdanken
als den gelehrtesten Professoren.

Jeremias Gotthelf (1797–1854)

Zeit haben ist das Beste

„Ich habe immer Zeit für sie“

Man kann, liebe Großeltern, mit der Zeit mancherlei anfangen: Man kann die Zeit vertrödeln, vergeuden, verlieren, vertreiben. Man kann sie sogar totschlagen. Es ist schon ein merkwürdiges Wesen, diese Zeit.

Aurelius Augustinus, der große Frager und Denker, hat einmal gesagt: „Ich wusste es immer, was die Zeit ist, aber als ich das jemand erklären wollte, da wusste ich es auf einmal nicht mehr.“ So geht es uns allen. Versuchen Sie einmal, jemand zu erklären, was Zeit ist! Wenn Ihre Enkel Sie eines Tages fragen werden: „Was ist das, die Zeit?“ – was werden Sie dann sagen?

Um ganz ehrlich zu sein: Wichtiger als Ihre Antwort auf die gestellte Frage ist für mich, dass Sie Zeit *haben*. Und – sollten Sie einmal keine Zeit haben – dass Sie sich Zeit *nehmen*! Ich meine, wir sollten die uns von Gott geschenkte Zeit dankbar annehmen und einen Teil davon an andere verschenken.

Zeit verschenken – wie wichtig ist dies gerade in der heutigen Zeit! Wie gut tut es dem anderen, wenn wir nur ein paar Minuten bei ihm stehen bleiben, einen kleinen Schwatz mit ihm halten, wenn wir jemanden für ein paar Minuten anrufen oder ihm einen Brief schreiben! Da werden beide Seiten reich, der Empfänger und der Geber.

Nehmen Sie sich Zeit für andere! Nehmen Sie sich vor allem Zeit für Ihre Kinder und Enkel! Wie das konkret aussehen kann, wissen Sie selbst am besten. Da spielen viele Faktoren eine Rolle: wie weit sie voneinander entfernt wohnen, ob Ihre Kinder beide berufstätig sind, wie alt Ihre Enkel sind ...

Wie wichtig heute die Anwesenheit von Großeltern ist, zeigt vor allem die Tatsache, dass immer mehr Eltern immer weniger Zeit für ihre Kinder haben. „Meine Eltern haben keine Zeit für mich. Ich kann mit ihnen nicht über meine Probleme sprechen." Mit diesen Worten klagen viele Kinder den Beratern beim sogenannten „Kindersorgentelefon" ihre Nöte. Nach Aussagen der Fachleute haben Notrufe dieser Art erschreckend zugenommen. Immer mehr (kleine und große) Jungen und Mädchen sind es, die in ihren Eltern keine Ansprechpartner finden.

Dabei haben Kinder doch so viele Anliegen auf dem Herzen, die sie mit ihren Eltern besprechen möchten! Wie traurig ist es, wenn diese dann „ihre Ruhe" haben wollen! Doch viele Väter sind heutzutage von ihrem Beruf derart beansprucht, dass sie abends nur noch vor dem Fernseher ausspannen wollen. Hinzu kommt, dass in zahlreichen Familien auch die Mütter am Abend müde von der Arbeit heimkommen, denen dann noch die Sorge für den Haushalt bevorsteht. Wer soll dann noch Zeit für die Kinder haben?

Wer etwas für die Entwicklung seiner Kinder tun will, muss sich Zeit für sie nehmen. Zeit für das Spiel mit den kleinen, Zeit für die Fragen der größeren Kinder. Ein deutscher Volkserzieher aus dem vorigen Jahrhundert hat einmal gesagt: „Lasst uns mit unseren Kindern leben!" Dieser Volkserzieher hieß Friedrich Fröbel (1782–1852). Er hatte recht und hat es immer noch.

Glücklich dürfen sich die Familien schätzen, die Großeltern in ihrer Nähe haben, Großeltern, die Zeit haben, sich um die Kinder zu kümmern! Denn die Erfahrung hat es immer wieder gezeigt: Großeltern, die ihren Enkeln in echter Zuneigung und mit vollem Vertrauen verbunden sind, tragen wesentlich dazu bei, dass diese körperlich und geistig gedeihen.

Die Zeit, in der Großeltern mit ihren Enkeln zusammen sind, mit ihnen spielen oder lesen, ihnen etwas erzählen oder sich von ihnen erzählen lassen, ist niemals eine verlorene Zeit. Im Gegenteil: Wer sich als Oma und (oder) Opa mit seinen Enkeln liebevoll und häufig beschäftigt, hilft ihnen, wirklich leben zu lernen.

Ich erinnere mich an eine etwa sechzigjährige Schriftstellerin, die von einem Journalisten neugierig nach ihrem Lebensstil gefragt wurde. Ihre Antwort: Nein, sie züchte keine Kakteen. Sie sammle keine Briefmarken. Sie habe auch keine runde Antwort auf die Frage nach dem Sinn des Lebens. Wenn sie dazu irgendetwas sagen könne, dann sei es nur dies: „Ich liebe meine Enkel. Ich habe immer Zeit für sie!"

Mich hat diese Antwort beeindruckt. Da sieht eine Schriftstellerin den Sinn ihres Lebens nicht in dem, was sie ihren Lesern zur Unterhaltung anbietet, sondern in der Zuneigung und Zuwendung zu ihren Enkeln. „Ich habe immer Zeit für sie", sagt sie. Es wäre zu wünschen, dass viele Großeltern der Schriftstellerin diesen Satz nachsprechen.

Großeltern, die Zeit haben, sind für ihre Enkel eine große Lebenshilfe! Denn wer Kindern begegnet, hilft ihnen, erwachsen zu werden. Und nichts macht ältere Menschen so angenehm und annehmbar wie die Freude an der Begegnung mit ihren Enkeln.

Die drei großen „Z“

Noch zu keiner Zeit waren Großeltern so wertvoll wie heute. Hunderttausende von Kindern gehen nach der Schule nicht nach Hause, in die elterliche Wohnung, sondern zu ihren Großeltern. Sie verbringen halbe Tage, Wochenenden, ganze Urlaubswochen, manche ihre halbe Kindheit in der Obhut von Großmutter und Großvater.

Warum? Weil viele Eltern für ihre Kinder keine Zeit mehr haben. „Meine Eltern haben keine Zeit für mich. Ich kann überhaupt nicht mit ihnen über meine Probleme sprechen.“ Mit diesen Worten klagen viele Kinder und Heranwachsende den Beratern beim sogenannten „Kindersorgentelefon“ ihre Nöte.

Nach Aussagen der Fachleute haben Notrufe dieser Art heute erschreckend zugenommen. Immer mehr Jungen und Mädchen sind es, die sich darüber entsetzen, dass sie in ihren Eltern keine Ansprechpartner finden. Dabei haben Kinder doch so viele Anliegen auf dem Herzen, die sie mit ihren Eltern besprechen möchten!

Ist es nicht traurig, wenn Kinder mittags aus dem Kindergarten oder von der Schule nach Hause kommen und dort ausschließlich „Zwiesprache mit dem Hauskaninchen“ und Trost bei ihrem Spielzeug suchen müssen – nur weil beide Eltern abwesend und keine Großeltern vorhanden sind?

Ich kenne Kinder, die während der Woche noch nie mit ihrer Mutter und/oder ihrem Vater gemeinsam am Tisch sitzen konnten. Sie sorgen entweder selbst für ihr Mittagessen oder gehen in den „Schnellimbiss“, um sich dort mit ihrer Lieblingsspeise „Pommes frites“ einzudecken. Geld haben sie in der Regel ja genügend dafür zur Verfügung.

Gegen kindliche Einsamkeit helfen keine Hauskaninchen, kein Spielzeug und kein Geld, sondern nur die drei großen „Z" einer guten Erziehung: *Zeit – Zuwendung – Zärtlichkeit!*

Es ist ein großes Glück, wenn Großeltern da sind, die für ihre Enkel Zeit haben: Zeit zum Spielen, Zeit zum Erzählen, Zeit zum Trösten, Zeit zum Vorlesen, Zeit zum geduldigen Zuhören, Zeit für die vielen Fragen der Kinder ... Das Fehlen von Großeltern ist für die Enkel ein spürbarer Verlust!

In einem Kinderaufsatz schrieb eine Neunjährige diese nachdenkenswerten Sätze: „Großeltern sind die einzigen Erwachsenen, die Zeit haben. Immer können wir mit unseren Anliegen zu ihnen kommen. Sie sagen nie: Jetzt lasst uns endlich mal in Ruhe! Mit ihnen können wir alles besprechen, was uns auf dem Herzen liegt. Überall wissen sie Rat und Hilfe! Wie oft sind sie zu Späßen aufgelegt. Das macht uns froh und glücklich. Bei Oma und Opa fühlen wir uns ‚zu Hause'."

Ähnlich schön schreibt ein zehnjähriges Mädchen in einem Brief an ihre Großeltern: „Liebe Oma, lieber Opa! Es ist so schön, dass ihr immer Zeit für uns habt. Mit unseren Fragen können wir immer zu euch kommen, ihr habt Verständnis für unsere Schwächen und nehmt alle unsere Sorgen ernst. Ihr seid immer geduldig, wenn ihr uns etwas erklärt, und liebt uns so, wie wir sind. Toll, dass es euch gibt!"

„Ihr habt's gut! Ihr könnt eure Kinder bei den Großeltern abgeben!" Solche Bemerkungen kann man gelegentlich von Müttern und Vätern hören, die kleine Kinder haben, aber keine Eltern in der Nähe. Sie sehen neidvoll auf jene jungen Familien, die auf Großeltern zurückgreifen können und bei diesen einen willkommenen „Parkplatz" für ihren Nachwuchs finden.

Zusammengefasst können wir sagen: Großeltern, die für ihre

Enkel da sind und ihnen durch Zeit, Zuwendung und Zärtlichkeit den Weg ins Leben bahnen, sind nicht nur für ihre Kinder, sondern vor allem für ihre Enkelkinder von unschätzbarem Wert! Sie sind so wertvoll wie gute Regenschirme. Weil sie stets griffbereit sind und Schutz und Geborgenheit schenken, sind sie der beste Schlechtwetterschutz!

Zeit haben ist das Beste

Zeit ist heute in vielen Familien Mangelware und darum viel wertvoller als Geld oder teure Geschenke.

Enkel verbringen ihre Zeit gern mit Oma und Opa. Aber nicht jeder Besuch bei den Großeltern muss ein „Highlight" wie einen Besuch im Zoo oder beim Volksfest bieten. Es reicht, den Enkeln das Gefühl zu geben: Zu Oma und Opa kommen ist immer etwas Besonderes. Auch, wenn ganz normaler Alltag stattfindet. Es ist schön, wenn sich Großeltern viel Zeit für ihre Enkel nehmen.

Manche Großeltern versichern, für ihre eigenen Kinder nicht so viel Zeit gehabt zu haben wie für ihre Enkelkinder. Für Kinder ist die entspannte Atmosphäre bei den Großeltern von unschätzbarem Wert.

Was Enkel sich wünschen

Je nach Alter haben Kinder unterschiedliche Bedürfnisse und Wünsche an ihre Großeltern:

Kleinere Kinder lieben den Märchen- und Geschichtenschatz der Großeltern.

Achtjährige schwärmen von schönen Spielstunden mit Oma und Opa.

Zehnjährige schätzen Opas sachliches Wissen und Omas Koch- und Backkünste.

Zwölfjährige sind dankbar für die Hilfe bei der Erledigung der Hausaufgaben.

Vierzehnjährige vertrauen den Großeltern eher ihre Kümmernisse an als den eigenen Eltern.

Sechzehnjährige suchen in den Großeltern oft verständnisvolle Gesprächspartner für ihre Anliegen.

Das macht den Enkeln am meisten Spaß

Fotos anschauen, auf denen Oma und Opa selbst noch Kinder waren. Dabei gibt's viel zu erzählen, das ist wie ein lebendiges Geschichtsbuch.

Mit Oma kochen oder backen. Bei Mama muss es in der Küche nämlich meistens schnell gehen, mit Oma wird dagegen ausführlich geschnippelt, gerührt und geknetet.

Gesellschaftsspiele oder Karten spielen – ein irres Gefühl, wenn man den Opa schlägt, obwohl der doch schon viel älter ist!

Fernsehen gucken. Weil man dabei meist länger aufbleiben darf als daheim und noch dazu den Spielfilm sehen kann.

Computerspiele machen. Weil dabei sogar Oma oder Opa von ihren Enkeln noch was Neues lernen können.

Basteln. Dabei kann man zeigen, was man in der Schule im Werkunterricht gemacht hat. Außerdem entstehen so kleine Geschenke, mit denen man Oma und Opa eine große Freude bereiten kann.

Münz- oder Briefmarkensammlungen anschauen. So was haben die meisten Papas und Mamas nicht – ist also was echt Besonderes!

Der Besuch

Wenn meine Großmutter ihre Mutter besuchen wollte, brauchte sie dafür drei Tage: Einen Tag fuhr sie mit Bekannten in der Pferdekutsche hin, einen Tag blieb sie dort, erzählte und erfuhr das Neueste, half in der Küche oder im Garten. Am dritten Tag fuhr sie heim.

Wenn meine Mutter ihre Mutter besuchen wollte, brauchte sie dafür zwei Tage: Sie fuhr mit dem Zug. Wenn sie Glück hatte, bekam sie Anschluss. Sie erzählte und erfuhr das Neueste, übernachtete dort und fuhr am nächsten Tag zurück.

Wenn wir zu meiner Mutter fahren, brauchen wir dafür mit dem Auto eine halbe Stunde. Lange können wir aber nicht bleiben, denn die Kinder werden unruhig und wir wollen ja noch die neue Standuhr abholen und außerdem müssen wir noch unbedingt schnell die Papiere zum Steuerberater bringen.

Wenn mich meine Kinder besuchen wollen?

Verfasser unbekannt

Aus Kindermund

Großeltern stehen bei ihren Enkeln meistens hoch in Kurs. Kinder zwischen sieben und 14 Jahren schreiben darüber in Schulaufsätzen:

Meine Großeltern haben immer viel Zeit für mich. Sie kennen wunderbare Geschichten und erklären mir alles ganz genau.

Großeltern kann man all die schlimmen Dinge erzählen, die man seinen Eltern nicht sagen kann. Und dann erzählen sie einem, was für schlimme Sachen sie früher selbst angestellt haben.

Mit Großeltern hat man zwei Zuhause: eins bei sich und eins bei ihnen.

Bei meinen Großeltern darf ich laut sein und das Geländer runterrutschen, ohne dass jemand meckert.

Meine Großeltern hauen und schimpfen nie, sie zanken sich auch nicht, deshalb bin ich oft und gern bei ihnen.

Meine Großeltern sind sehr lieb und zu Späßen aufgelegt. Mit dem DVD-Player kommen sie nicht zurecht, sodass ich ihnen dabei helfen muss.

Meine Großeltern haben einen sehr alten Kachelofen. Im Winter macht er die Wohnung schön warm und man kann Äpfel darin braten.

Meine Großeltern sind äußerlich alt und innerlich jung.

Im Großen und Ganzen mag ich Großeltern gut leiden, vor allem, da ich ja weiß, dass ich eines Tages selbst zu ihnen gehören werde.

Der Anfang der Erziehung

Der Anfang
aller Erziehung heißt:
Zeit haben
für das Kind.

Karl Hesselbacher

Ich kann jedem empfehlen,
eine Großmutter zu haben,
vor allem, wenn man
keinen Fernseher hat.
Schließlich sind Großmütter
die einzigen Erwachsenen,
die Zeit haben.

Eine Siebenjährige

Liebe kann Wunder wirken

Die Macht der Liebe

Ich möchte Ihnen hier von einer Großmutter erzählen, die für die junge Familie, um die sie sich kümmerte, zum Segen geworden ist. Als dem jungen Ehepaar das erste Kind geboren wurde, stellte der Arzt eine einseitige zerebrale Lähmung (Gehirnlähmung) fest. Die Eltern brachten den Jungen zu verschiedenen Spezialisten mit der Bitte um Hilfe. Leider war der Befund jedesmal negativ: Das Kind würde nicht gehen und nicht richtig sprechen können.

Die Zeit verging. Als keine Heilung in Sicht war, begann sich die Oma mit dem Enkelkind zu beschäftigen. Von einem Physiotherapeuten (Heilgymnastiker) angeleitet, machte sie mit Thomas – so hieß der Junge – Bewegungsübungen. Sie sprach mit dem Kind, erzählte ihm Geschichten, baute Spielzeughäuschen, sang Kinderlieder für den Kleinen ...

Es dauerte Monate, bis auch nur eine erste kleine Regung andeutete, dass Thomas sich freuen konnte. Die Großmutter war sich ihrer Sache sicher. Sie ließ sich auch durch Rückschläge nicht irremachen. Mit eiserner Disziplin führte sie die täglichen Turnübungen mit dem teilweise Gelähmten durch.

Unendlich mühsam und kaum merklich besserte sich der Gesundheitszustand des Jungen. Aber mit fünf Jahren war Thomas dann doch so weit, dass er in den Kindergarten gefahren werden konnte. Und ein Jahr später ging er sogar ohne Krücken dorthin. Die Beine des Jungen sind leicht geschrumpft und sie werden es wohl auch bleiben. Aber sonst ist der Junge völlig normal, fröhlich und voller Lebenslust. Er wird demnächst auch die Schule besuchen können.

Was ist doch die Liebe für eine Macht! Hier lebte eine alte Frau jahrelang nur für die junge Familie mit ihrem kranken Kind. Sie gab ihre Ruhe werktags und sonntags hin, damit der Geist ihres Enkels erwachen und seine hilflosen Glieder erstarken konnten. Heute freut sie sich. Doch auch jetzt vergeht kein Tag, an dem sie nicht mit Thomas turnt, spielt oder spricht.

Die schönste Zeit

Eines Tages traf ich einen steinreichen Mann, der die ganze Welt durchreist und vieles gesehen und erlebt hatte, wovon die meisten von uns kaum einmal träumen können.

Als ich ihn fragte: „Wann haben Sie sich eigentlich am glücklichsten gefühlt in Ihrem Leben?“, da sagte er: „Als ich als Kind eine schwere Krankheit hatte und lange Zeit im Bett liegen musste.“

„Und das war Ihre schönste Zeit?“, fragte ich erstaunt zurück.

„Ja“, antwortete er. „Weil meine Eltern viel arbeiten mussten, pflegte mich damals meine Oma. Ihre Milde und Geduld kann ich nie in meinem Leben vergessen. Sie hatte selbst viel zu tun – aber die ganzen Wochen, wo ich krank war, sah ich auf ihrem Gesicht immer nur die gleiche leuchtende Güte, niemals auch nur den kleinsten Zug von Verdrossenheit oder Gereiztheit. Ja, damals war ich am glücklichsten.“

Liebe muss richtig „dosiert“ sein

Eine 70-jährige Großmutter berichtet:

Für meine Schwiegertochter, meinen Sohn und meine Enkel habe ich heute Morgen einige Näh-, Flick- und Stopfarbeiten erledigt. Eine Oma hilft gern mit, wenn sie sich gesund fühlt und durch kleine Gefälligkeiten Freude bereiten kann. Es bleibt immer wieder einiges liegen, was erledigt werden muss.

Da meine Mithilfe geschätzt wird, bin ich da, wenn ich gebraucht werde. Auch merke ich, dass ich durch die Erledigung von Aufgaben für die junge Familie seelisch recht ausgeglichen bin. Ohne Frage sind solche Arbeiten für mich ein gutes „seelisches Verjüngungsmittel“.

Besonders freue ich mich über die gute Beziehung zu meinen Enkeln. Robert und Eva haben mich von klein auf respektiert, auch wenn wir nicht immer der gleichen Meinung gewesen sind. Wir nehmen uns so an, wie wir sind. Dieser gegenseitige Respekt ist – so glaube ich – für beide Seiten ein Geschenk.

Als Großmutter habe ich mich alle Jahre hindurch stets um die richtige Balance zwischen Nähe und Ferne bemüht. Aus der Erziehung meiner eigenen Kinder weiß ich noch zu genau: Liebe will richtig „dosiert“ sein. Sonne ist gut. Zu viel Sonne kann zum „Sonnenstich“ führen, der gefährlich ist.

Der bessere Weg

Eine überlieferte Geschichte erzählt: Ein kleiner Junge, der auf Besuch bei seinem Großvater war, fand eine kleine Landschildkröte und ging gleich daran, sie zu untersuchen. Sofort zog sich die Schildkröte in ihren Panzer zurück und der Junge versuchte vergebens, sie mit einem Stöckchen herauszuholen.

Der Großvater hatte ihm zugesehen und mahnte ihn, das Tier nicht weiter zu quälen. „Das ist falsch“, sagte er, „komm, ich zeig dir, wie man das macht.“ Er nahm die Schildkröte mit ins Haus und setzte sie auf den warmen Kachelofen. In wenigen Minuten wurde das Tier warm, steckte seinen Kopf und seine Füße heraus und kroch auf den Jungen zu.

„Menschen sind manchmal wie Schildkröten“, sagte der alte Mann. „Versuche niemals, jemanden zu zwingen. Wärme ihn nur mit etwas Güte auf und er wird sicherlich tun, was du möchtest!“

Aber bitte keine „Affenliebe“

Ein Affe, so heißt es in einer überlieferten Erzählung, kommt an einen Bach. Darin schwimmt ein kleiner Fisch. Dem Affen gefällt dieser Fisch. Er schaut ihm eine Weile zu und entschließt sich dann, „dem armen Kerl zu helfen“.

Der Affe holt sich den Fisch aus dem Wasser und sagt zu ihm: „Komm mit mir, von jetzt an sollst du besser leben!“ Und so klettert er mit dem Fisch auf eine Kokospalme, auf der die schönsten Nüsse hängen.

Doch nach einer Weile ist der Affe ganz traurig. Er muss feststellen, dass sich der Fisch in seinem „Affenparadies" gar nicht wohlfühlt. Wenig später liegt der Fisch tot auf dem Palmblatt.

So sieht falsch verstandene Liebe aus. „Affenliebe" ist nicht die Liebe, die (kleine und große) Enkel brauchen. „Affenliebe" ist Selbstliebe und Selbstliebe ist meist tödlich – im wörtlichen wie im übertragenen Sinne.

Das Glück der Enkel muss das einzige Ziel der Großeltern sein. Dieses Glück erreichen sie aber nicht dadurch, indem sie die Kinder mit zu viel Liebe überschütten, sondern nur dadurch, indem sie sie nach Kräften selbstständig machen.

„Opa, ich heirate dich!"

Wie schön ist es, wenn Großeltern ihren Enkeln viel Liebe entgegenbringen! Wie schön ist es aber auch umgekehrt: Wenn die Enkel den Großeltern zeigen, wie lieb sie sie haben!

Gibt es etwas Rührenderes, als wenn ein kleines Enkelkind – eine süße Enkeltochter – dem Großvater am Halse hängt und beteuert: „Opa, ich heirate dich"? Nein, es gibt nichts Schöneres! Da wird dem alten Mann plötzlich ganz warm ums Herz und er hat Mühe, es sich nicht anmerken zu lassen. Nicht einmal bei seinen eigenen Kindern hatte er so zärtliche Gefühle!

Ich wünsche Ihnen, liebe Großeltern, von ganzem Herzen einen oder mehrere Enkel, die auch Ihnen um den Hals fallen und Ihnen freudestrahlend ins Ohr flüstern: „Oma – Opa, ich habe dich lieb!" oder: „Ich heirate dich!"

„Opa, ich hab dich lieb"

Nach dem Tod seiner Frau siedelte Opa Wagner zu Tochter und Schwiegersohn über. Die jungen Leute waren den ganzen Tag in ihrem Schuhgeschäft tätig. In der Küche regierte Hilde – ein junges Mädchen – als Haushälterin. Sie musste Haus und Garten versorgen und die dreijährige Tochter Katja beaufsichtigen. Das brachte viel Arbeit mit sich.

Opa bot seine Hilfe an. Hilde nahm sie gerne in Anspruch. So schälte der Großvater Kartoffeln, holte Gemüse aus dem Keller, mähte den Rasen und erledigte zuweilen Besorgungen.

Und dann war da noch das Kind. Katja betrachtete den neuen Hausgenossen mit einer aus Misstrauen und Ängstlichkeit gemischten Erwartungshaltung. Aber als Opa eines Tages Papier und Farbstifte kaufte und sagte: „Komm, Katja, wir wollen zusammen malen", da wurde das Mädchen zusehends zutraulicher.

Opa Wagner verstand es, Pferde, Schafe und Hühner zu malen, Häuser, Autos, Bäume und viele andere Dinge mehr. Katja begann zu fragen: „Was macht das Pferd? Wie viele Eier legen die Hühner? Wohin fährt das Auto? Wer wohnt in dem Haus?" Der Opa musste seine ganze Fantasie zu Hilfe nehmen, um das neugierige Mädchen zufriedenzustellen.

Eines Abends hatte die Haushälterin Einkäufe zu machen. In der Küche begann es zu dunkeln. Da kam Katja, setzte sich auf Opas Knie und bat: „Opa, erzähl mir doch eine schöne Geschichte!"

Opa tat es. Katja lauschte gebannt seinen Worten. Als er endete, verharrte sie in atemlosem Schweigen. Dann sagte sie: „Das war aber schön!" Und sie schlang ihre Arme um den Hals des alten Herrn und flüsterte ihm freudestrahlend ins Ohr: „Opa, ich hab dich lieb!“

Tränen traten ihm in die Augen. Gerührt legte er seinen grauen Kopf an die Wange des Mädchens. „Ich hab dich lieb“ – dieses Wort erschütterte ihn. „Ich hab dich lieb“ – war es denkbar und möglich?

Viele Menschen waren ihm in einem langen Leben begegnet. Fünf Kinder hatte er mit Arbeit und Fleiß großgezogen. Doch wie lange schon hatte ihm keiner mehr ein freundliches Wort gesagt? Nun warf dieses Kind einen Lichtstrahl beseligender Freude in die dunkle Einsamkeit seines Alters – und das durch vier kurze, aber köstliche Worte: „Ich hab dich lieb!“

Gern bei Oma und Opa

Irgendwo waren diese schönen Sätze („Komplimente“) eines kleinen Mädchens über seine Großeltern zu lesen:

Ich bin gern bei Oma und Opa. Sie reden mit mir und schreien mich nicht an. Sie sind morgens genauso wie abends.

Opa antwortet auf meine Fragen, auch wenn er Sportschau guckt.

Bei Opa und Oma muss ich nicht andauernd ruhig sein.

Oma darf ich manchmal helfen.

Oma hat Zeit, meine Bilder anzusehen.

Opa sagt, vor einem Schornsteinfeger braucht man keine Angst zu haben.

Oma sagt nicht: „Wenn du das noch einmal machst, passiert etwas.“

Oma sagt nie, ich ginge ihr auf die Nerven.

Oma und Opa fragen mich nie, wen ich lieber habe.

Wenn ich mich schmutzig gemacht habe, sagen beide: „Das ist kein Beinbruch!“

Wenn ich einmal Kinder habe, bin ich zu ihnen so, wie Oma und Opa zu mir sind.

Der Großvater und der Enkel

Die Gebrüder Grimm haben uns ein schönes Märchen erzählt: Ein Vater war sehr alt und zittrig geworden, sodass er beim Essen Suppe auf das Tischtuch schüttete. Manchmal floss ihm auch etwas aus dem Mund. Sein Sohn und dessen Frau ekelten sich davor. Schließlich setzten sie ihn hinter den Ofen in die Ecke.

Dort saß er nun betrübt und allein und sah zum Tisch. Einmal entfiel seinen zittrigen Händen auch noch das Schüsselchen, aus dem er aß, und zerbrach. Die junge Frau schimpfte ihn aus. Sie kaufte ihm eine hölzerne Schüssel; daraus musste er nun essen.

Eines Tages trug der Enkel von vier Jahren kleine Brettchen zusammen. „Was machst du da?“, fragte ihn der Vater.

„Ich mache einen kleinen Topf“, antwortete das Kind, „daraus sollen Vater und Mutter essen, wenn sie alt sind.“

Da sahen sich Vater und Mutter an. Sie holten sofort den alten Großvater an den Tisch. Und sie sagten auch nichts mehr, wenn er ein wenig verschüttete.

Worauf es ankommt

Vor vielen Hundert Jahren regierte auf der Insel Sizilien der deutsche Kaiser Friedrich II. Weil die Menschen dort in dem fremden Land anders sprachen als bei ihm zu Hause in Deutschland, fragte er sich oft: „Welche Sprache ist eigentlich die richtige Sprache? Welche Sprache fangen die Menschen von selbst an zu sprechen?"

Um dies zu erfahren, schickte er seine Diener in ein Findelheim, in dem verlassene Kinder großgezogen wurden. Die Diener sollten ihm 50 Säuglinge bringen, die erst wenige Tage oder Wochen alt waren, also noch nicht sprechen konnten. Der Kaiser bestellte für jedes Kind eine Pflegerin, die dem Kind alles geben sollte, was es zum Großwerden brauchte: Essen, Trinken und Kleidung. Nur eines durfte die Pflegerin dem Kind nicht geben: Liebe! Kein liebes Wort, kein freundliches Anlachen!

Welche Sprache haben die Kinder erlernt? Die Geschichte erzählt: keine! Alle Kinder blieben stumm. Sie lernten weder sprechen noch spielen noch arbeiten. Sie lernten auch nicht, sich zu freuen, und sie lernten nicht zu danken! Sie lernten nicht zu denken und zu fragen und sie lernten nicht zu lieben. Sie verkümmerten. Die Geschichte erzählt, dass keines von ihnen groß geworden ist.

Mehr Liebe im Alter

Als wir Kinder waren,
liebte man uns mehr,
als wir liebten.
Alt geworden,
lieben wir nun unsererseits mehr,
als wir geliebt werden.

Jean-Baptiste-Henri Lacordaire

Gebet: Ich will meine(n) Enkel lieben

Herr, ich will meinem Enkel (meinen Enkeln)
eine liebe Oma – ein lieber Opa sein.
Ich möchte so zu ihm (ihnen) sein,
dass ich diesen Namen auch verdiene.
Dabei sollst du, guter Vater,
mein Vorbild sein.
Du hast dich uns vorgestellt
als Jahwe (Ich bin da)
und als Immanuel (Gott mit uns).
Du umfängst mich mit deiner Liebe und Güte.
Wie du zu mir bist,
so möchte ich zu meinem Enkel (meinen Enkeln) sein.
Gib mir die Kraft dazu!

Der Liebe gelingt's

Kinder sind Rätsel von Gott,
sind schwerer als alle zu lösen,
aber der Liebe gelingt's,
wenn sie sich selber bezwingt.

Friedrich Hebbel

Die meisten Menschen
wissen nicht,
wie schön es eigentlich
in Kinderherzen aussieht,
in denen die Liebe aufblüht.
Sie wissen aber auch nicht,
wie zart diese Pflanze ist
in ihrem Frühling und
wie leicht ein Frost
sie lähmt und tötet.

Jeremias Gotthelf

Kinder sind Spiegel.
Wenn sie von Liebe umgeben sind,
spiegeln sie diese wider.
Wenn die Liebe fehlt,
können sie nichts ausstrahlen.

Anthony de Mello

Ein Kind braucht Liebe

Lerne, wie man
Kinder liebt!
Ein Drittel aller Menschen
sind Kinder.

Janusz Korczak

Der werdende Mensch
lebt nicht
vom Brot allein,
er lebt auch
von der Wärme der Liebe.

Robert Mäder

Jedes Kind,
das zur Welt kommt,
predigt sogleich
das Evangelium
der Liebe.

Karl Ferdinand Gutzkow

Man versteht
die Kinder nicht,
ist man nicht selbst
kindlichen Herzens.
Man weiß sie nicht
zu behandeln,
wenn man sie
nicht liebt.

Ludwig Börne

Wenn man die Kinder
nicht lieben sollte,
bevor sie es verdienen,
sie müssten verderben.

Alter Spruch

Ein Kind braucht Liebe
und uneingeschränkte Aufmerksamkeit.
Nur so wächst jenes Grundgefühl
der Geborgenheit und des Vertrauens,
aus dem dann die eigene
Fähigkeit zur Liebe
und zum Miteinander wachsen kann.

Heinz Perne

Bitte keine Verwöhnung!

Verwöhnte Kinder
sind die unglücklichsten;
sie lernen schon in jungen Jahren
die Leiden der Tyrannen kennen.

Marie von Ebner-Eschenbach

Wer seinen Kindern alles abnimmt,
ihnen alle Schwierigkeiten
aus dem Weg räumt,
handelt ebenso falsch wie derjenige,
der sich um Kindersorgen nicht kümmert.
Die richtige Liebe
liegt immer in der Mitte.

Tobias Schmid

Was Enkel so alles fragen

„Oma, hast du auch Kinder?“

„Oma, hast du auch Kinder?“ So fragte eines Tages die vierjährige Enkelin ihre Großmutter. Darauf gab diese zur Antwort: „Ja, natürlich, deine Mutti ist mein Kind.“ Ein paar Tage später kam die Kleine weinend zur Oma und sagte: „Oma, dein Kind hat mich geschlagen.“

Man muss unwillkürlich schmunzeln, wenn man diese nette Geschichte hört. Sie passt in die Spalte „Kindermund“ in Zeitungen und Zeitschriften. Aber nach dem Schmunzeln denke ich an die ernste Seite dieser Geschichte: Wem können Kinder, besonders die kleineren unter ihnen, heute ihre vielen Fragen stellen?

Immer mehr Jungen und Mädchen sind es, die sich darüber entsetzen, dass ihre Eltern keine Zeit für sie haben. Dabei haben Kinder, besonders wenn sie im Kindergarten- und Vorschulalter sind, doch so viele Fragen auf dem Herzen, die sie jemandem stellen möchten. Glücklich nenne ich die Kinder, die Großeltern haben, denen sie „Löcher in den Bauch“ fragen können!

Wer Enkel im ersten Fragealter hat, der kennt zur Genüge Gespräche dieser oder ähnlicher Art: „Warum regnet es draußen?“ – „Weil Wasser aus den Wolken auf die Erde fällt.“ – „Warum fällt Wasser auf die Erde?“ – „Weil es den Wolken zu schwer geworden ist.“ – „Wie kommt das Wasser in die Wolken?“ – „Weil es verdampft ist und von der Luft hinaufgetragen wurde." – „Warum ist es hinaufgetragen worden?" – „Ja, weißt du, das ist schwer zu erklären. Das verstehst du noch nicht." – „Warum nicht?"

So verlief ein Gespräch zwischen einem Großvater und seinem vierjährigen Enkel. Ein wahrhaft typisches Gespräch mit Kindern in diesem Alter! Pausenlos und unermüdlich können die kleinen Jungen und Mädchen ihre Großeltern fragen. Dabei fragen sie nach den schwierigsten Zusammenhängen und geben nicht eher nach, bis sie eine ausreichende und zufriedenstellende Antwort bekommen haben.

Wenn Sie wissen möchten, warum die Kinder plötzlich so viele Fragen haben, dann antworten Ihnen die Psychologen: Weil die Augen der Jungen und Mädchen mit einem Schlag für die Welt mit ihren tausend Wundern geöffnet sind. Alles ist neu, zauberhaft, erschreckend und beglückend zugleich. Die Neugierde der Kinder ist hellwach und ihre Intelligenz bereits weit entwickelt. Sie wollen alles begreifen und deshalb fragen sie.

Manchmal können Sie ganz schön erschrecken, wenn Sie hören, was Ihre Enkel so alles fragen. Da heißt es zum Beispiel: „Oma, woher kommen die Vögel?" – „Warum ist Papa kein Polizist?" – „Wer lässt eigentlich die Sonne scheinen?" – „Warum hat die Schnecke ein so schön gedrehtes Schneckenhaus?" – „Wer lässt im Frühling die Blumen wachsen?" – „Warum fliegt die Taube?" – „Warum heißt eigentlich Opa ‚Opa'?"

Ich kann verstehen, dass manche Großeltern ihren kindlichen Fragestellern gegenüber (besonders wenn diese gar nicht mehr aufhören zu fragen) mit der Zeit nervös und ungeduldig werden. Wie oft sagen sie dann zu ihren Enkeln: „Nun hört doch endlich mal auf mit dem ewigen Fragen! Diese Fragerei ist ja fürchterlich!"

Auch wenn es manchmal schwerfällt, so sollten Großeltern ihren Enkeln, die gerade dabei sind, ihre Umwelt zu entdecken, doch jedesmal eine Antwort geben. Und diese Antwort sollte nach Möglichkeit einfach, geduldig und richtig sein.

Einfach sollte die Antwort deswegen sein, damit die Kinder verstehen, was die Großeltern sagen.

Geduldig, damit die Kinder spüren, dass Oma und Opa alles ernst nehmen, was in ihnen vorgeht.

Und *richtig* (d. h. wahrheitsgemäß), damit die Enkel nicht das Vertrauen zu ihren Großeltern verlieren.

„Du bist mein Sonnenschein"

Eines Tages fragte eine Vierjährige ihre Oma: „Oma, warum leuchtet die Sonne?" Die Großmutter war zunächst ganz überrascht von dieser Frage, aber dann antwortete sie ihrer Enkelin einfach und klar: „Weil sie lächelt."

Das Mädchen war mit dieser Antwort voll zufrieden. Es hatte ja keine naturwissenschaftliche Erklärung erwartet. Es wollte eine menschliche Antwort haben und die hatte die Oma ihm gegeben: „Die Sonne leuchtet, weil sie lächelt."

Mit dieser Antwort konnte das kleine Mädchen etwas anfangen. Außerdem hatte die Oma wiederholt zu der Kleinen gesagt, wenn sie besonders lieb und freundlich war: „Du bist mein Sonnenschein."

Mit den Kindern leben

Es ist traurig, wenn Kinder keine Großeltern haben, die sie mit ihren Fragen „löchern" können. Schließlich gibt es nichts Wichtigeres, als sich für Kinder Zeit zu nehmen. Tun Sie es – als Oma, als Opa!

Ein bekannter Volkserzieher im 19. Jahrhundert hat einmal gesagt: „Lasst uns mit unseren Kindern leben!" Dieser Volkserzieher hieß Friedrich Fröbel (1782–1852) und war der Begründer des Kindergartens. Er hatte recht und hat es immer noch.

Auf eine Erfahrung, die ich wiederholt im Leben machen konnte, darf ich in diesem Zusammenhang hinweisen: Enkel, die als kleine Kinder mit ihren Fragen zu ihren Großeltern kommen durften, haben dies oft auch noch als Jugendliche getan. Sie haben die wohltuende Erfahrung gemacht, dass ihre Großeltern bereit sind, ihnen zuzuhören, wenn sie etwas zu berichten haben. Sie haben erlebt, dass Oma und Opa in der Lage sind, sich einzufühlen, mitzudenken und auf sie einzugehen!

Jedesmal ein Wunder

„Großmutter, warum schaust du so oft aus dem Fenster zu den Bäumen im Garten?"

„Ich sehe, wie der Frühling kommt, wie die zarten grünen Blättchen sich langsam entfalten, wie die Blütenblätter am Kirschbaum ganz allmählich aufgehen. Ich höre die Vögel zwitschern, tirilieren und auch streiten. Ich fühle, wie das Leben neu erwacht, und freue mich darüber."

„Aber das ist doch nichts Besonderes. Der Frühling kommt nächstes Jahr auch wieder."

„Ja, aber selbst wenn ich hundert Jahre alt würde, hätte ich den Frühling nur hundert Mal erlebt."

„Das ist hundert Mal das Gleiche. Wie langweilig!"

Großmutter lächelte. „Wenn du älter bist, wirst du verstehen, dass es jedesmal ein Wunder ist."

Gespräch im Wartezimmer

Im Sprechzimmer eines Arztes saß ein kleiner Junge mit seiner Oma. Während sie darauf warteten, vom Arzt hereingerufen zu werden, entwickelte sich zwischen den beiden ein Gespräch über eine Fliege, die am Fenster hin- und hersurrte.

Der Junge: „Oma, warum ist die Fliege hier im Zimmer?"

Die Oma: „Weißt du, draußen ist es jetzt kalt und hier so warm und da ist die Fliege einfach hierhergeflogen."

Der Junge: „Warum zieht denn die Fliege keine Jacke an, wenn es so kalt ist?"

Die Oma: „Sie hat keine Arme für die Ärmel und eine so kleine Jacke für Fliegen gibt es gar nicht."

Der Junge: „Dann soll die Fliege hierbleiben, bis es draußen wieder warm ist."

„Oma, wie alt bist du?"

Simon geht in den Kindergarten. Er ist sechs Jahre alt.

„Und wie alt bist du?", fragt Simon seine Oma.

„Fünfundsiebzig", antwortet sie.

„Und der Opa?"

„Er ist zwei Jahre älter als ich!"

„Ihr seid aber sehr alt", sagt Simon.

Die Oma lacht.

„Einmal wirst du auch so alt sein wie Oma und Opa."

Simon versucht sich diese große Zahl vorzustellen. Er braucht seine Finger dazu. Und – seine Zehen. Doch das ist immer noch nicht genug. Er holt die Kieselsteine, die er am Seeufer gefunden hat, und legt sie in eine Reihe. Sie sind rund und glatt – wie Murmeln.

„Die Kieselsteine sind älter als Opa und Oma und du zusammen", sagt die Oma. „Sie sind Tausende von Jahren alt. Wir können das kaum begreifen."

Simon nimmt die Kieselsteine in die Hand. Sie fühlen sich gut an, wie neu. Der Junge ist zufrieden.

Was Großeltern können müssen

Großeltern brauchen
nicht clever zu sein.
Aber wenn ich sie frage:
„Warum ist der liebe Gott
nicht verheiratet?“ oder
„Warum können Hunde
keine Katzen leiden?“,
dann müssen sie das
beantworten können.

Aus einem Schulaufsatz

Geschichten sind Lebensproviant

„Oma/Opa, erzähl mir was Schönes“

Geschichten erzählende Großeltern – sind das nicht nostalgische Relikte aus einer romantischen Vergangenheit à la Ludwig Richter (1803–1884)? Ist Idylle der dort dargestellten Art nicht endgültig passé? Sind erzählende Großeltern für die Kinder unserer modernen Welt nicht überhaupt unnötig?

Ich möchte diese Fragen, die in unserer Zeit wiederholt gestellt werden, kurz und bündig mit einem eindeutigen „Nein“ beantworten. Es ist bei den modernen Kindern noch genauso wie zu Ludwig Richters Zeiten: Sie hören mucksmäuschenstill zu, mit offenen Ohren und offenem Mund, wenn Großmutter oder Großvater spannend erzählen: eine Geschichte von damals, ein Märchen der Gebrüder Grimm, eine biblische Geschichte, ein spannendes Erlebnis aus dem Krieg ... Die Kinder sind intensiv dabei, wenn sie seelisch gesund und noch nicht durch Fernsehüberkonsum verdorben sind.

Ja, man kann noch einen Schritt weitergehen und sagen: Großeltern, die gute Geschichtenerzähler sind, werden von ihren Enkelkindern besonders geliebt und verehrt. Das Geschichten-erzählen-Können bedeutet eine Wertsteigerung für Oma und Opa. Dies ist besonders dann der Fall, wenn die Großeltern ihren Text auswendig beherrschen und ihn frei erzählen können.

Meine Schwiegermutter, die Oma meiner Kinder, war eine solch gute Erzählerin. Kein Wunder, dass sie bei ihren zwei Enkeln hoch im Kurs stand! Oma wohnte bei uns im Hause. Die Kinder saßen oft am späten Nachmittag, wenn sie vom Spiel müde geworden waren, neben ihr und bettelten, sie möge doch wieder einmal etwas erzählen.

Oma war mit ihren 65 Jahren ein großer Schalk und hatte ihre Freude daran, ihren Enkelkindern gelegentlich eine unglaubliche Geschichte aufzutischen, eine Geschichte, die die Kinder zuletzt nicht verstanden, die aber dann doch noch wochenlang mit ihnen herumging und viel Nachdenken verursachte.

So erzählte sie einmal die Geschichte von den zwei Wölfen, die sich gegenseitig aufgefressen hatten, dass am Ende nur noch die beiden Schwänze auf der Erde gelegen hatten. Diese Geschichte – das weiß ich heute noch – hat den Kindern viel zu schaffen gemacht. Sie waren damals vielleicht fünf und sieben Jahre alt, kannten schon viele Märchen, aber wie das mit den Wölfen nun geschehen war, das konnten sie lange Zeit nicht begreifen.

Großmutters schönste Geschichten waren natürlich die, in denen es von Gespenstern nur so wimmelte. Besonders der leibhaftige Teufel spielte darin eine große Rolle. Immer wieder sprach Oma von den Leuten, die einen Pakt mit dem Teufel abgeschlossen hatten, sich von dem Bösen helfen ließen, ein herrliches Leben führten, aber schließlich doch ein trauriges Ende nahmen.

Nach einer solchen Geschichte fragte sie einmal die Kinder: „Habe ich euch eigentlich schon die Geschichte vom Teufel in der Nuss erzählt?“ Und als diese verneinten, begann sie gleich zu erzählen. Ich kam damals zufällig zu der trauten Erzählrunde dazu und hörte die Geschichte mit. Sie ist mir heute noch in allen Einzelheiten bekannt. Omas Erzählung lautete so:

In unserem Dorf lebte vor langer Zeit ein Mann, der sich mit dem Teufel verbündete. Er hieß Alois Feldmann. Die alten Leute haben viel von ihm berichtet. Er benutzte seine Gemeinschaft mit dem Bösen aber fast nur dazu, den armen Leuten zu helfen. Er selbst war – wie sich bei seinem Tode herausstellte – sehr reich. Es schien ihm aber viel daran zu liegen, den Teufel manchmal anzuführen, ihm zu zeigen, dass er selber doch klüger sei.

So fand Alois Feldmann einmal unter einer Gartenhecke eine große Haselnuss. Als er sie näher betrachtete, sah er ein Löchlein darin und wusste sofort: Hier hat ein kleiner Käfer, der Haselnussbohrer, vor mir schon saubere Arbeit gemacht, die Nuss ist hohl. Er wollte sie wegwerfen und hob die Hand.

Da stand der Teufel neben ihm, grinste und sagte: „Gelt, die Nuss ist hohl? Ja, ich habe in diesem Jahr viele kleine Teufelchen ausgeschickt, die Nussbohrer, die haben dafür gesorgt, dass die meisten Nüsse hohl sind. Es ist ja nicht nötig, dass nur die Menschen die guten Nusskerne genießen."

Bei dieser Rede kam dem Alois ein Einfall. Er sagte zum Teufel: „Hast du nicht einmal damit geprahlt, dass du dich in jedes, auch in das kleinste Wesen verwandeln könntest, in einen Floh oder in eine Mücke?" – „Natürlich!", erwiderte der Teufel, „das ist für mich eine Kleinigkeit, in welches Tierlein soll ich mich verwandeln?"

Feldmann meinte: „Dann kriech hier durch das Löchlein in die Nuss!" – „Ich bin schon drin!", hörte Alois den Teufel sagen. Da nahm er ein Klümpchen Lehm und dichtete damit das Loch in der Nuss ab und steckte sie in seine Tasche. „So!“, sagte er, sonst nichts.

Auf seinem Weg durchs Dorf kam er an der Schmiede vorbei, in der sein Freund Christian wirkte und Eisen schmiedete. Alois ging in die Werkstatt und sagte: „Ich habe da eine schöne Nuss, kann sie aber nicht aufkriegen, willst du es einmal mit einem Hammer versuchen?“ Damit legte er die Nuss auf den Amboss.

Christian nahm einen kleinen Hammer und klopfte damit auf die Nuss. Aber die Schale sprang nicht auf. Da nahm er einen mittelschweren Hammer und schlug fester zu. Die Nuss rührte sich nicht.

„Das will ich doch mal sehen, ob ich dich nicht aufkriege!“, sagte Christian, holte seinen schwersten Hammer, den er nur mit zwei Armen heben konnte, aus der Ecke, hob ihn hoch in die Luft und ließ ihn dann mit aller Kraft auf die Nuss niedersausen.

Da gab es einen fürchterlichen Krach, die Schale sprang auf, aber es erhob sich ein gewaltiges Rauschen, es war, als ob ein starker Sturmwind durch die Schmiede wehte. Das Dach wurde hochgehoben und die Ziegel flogen auf die Straße. Sogar die schweren eisernen Stangen wurden durcheinandergerüttelt und fielen um.

Der Schmied stand erschrocken vor seinem Amboss und sagte dann: „Man meint, der Teufel wäre in der Nuss gewesen!“ Alois lächelte und erwiderte: „Ja, er war auch drin! Die Nuss war hohl!“ Damit grüßte er, lächelte für sich und ging weiter ...

Aber am anderen Tag war er wieder beim Schmied und half beim Aufbau des Daches.

So erzählte damals die Oma. Es ist schon über dreißig Jahre her. Als die Oma starb, waren die Enkel sehr traurig. Sie haben ihre Großmutter sehr gern gehabt, nicht zuletzt wegen der schönen und spannenden Geschichten, die sie immer zu erzählen wusste.

Geschichten sind nun einmal so etwas wie Lebensproviant für die Seele der Kinder. Und deshalb kann der Wert des Geschichtenerzählens durch die Großeltern gar nicht hoch genug eingeschätzt werden. Christa Meves schreibt: „Durch das Erzählen von Geschichten aus der Truhe der Mythen, Sagen, Märchen ... geschieht eine emotionale Prägung viel nachhaltenderer Wirkung als durch vermittelten Schulstoff."

Großeltern sollten sich das immer wieder klarmachen. Dann werden sie auch nicht so leicht auf die Idee kommen, die Stunden, in denen die Enkel ihnen anvertraut sind, dadurch fehlzunutzen, dass sie stumpf und ohne auszuwählen das Fernsehprogramm konsumieren. Es wird sie vielmehr ein großer Eifer erfüllen, sich auf ein altersgerechtes Erzählen von Geschichten beim Besuch der Enkel vorzubereiten.

Schenken Sie darum Ihren Enkeln so viele besinnliche Erzählstunden wie möglich! Ich bin sicher, dass dieser Dienst an den Enkeln Sie mit großer Freude erfüllen wird. Und: Die Liebe Ihrer Enkel, die Sie sich ersehnen, wird Ihnen mit größerer Gewissheit zufallen als durch Schleckergroschen oder aufreibende Mühewaltung um ihre Pflege.

Auf einmal ist es für Sie keine Last mehr, sondern eine spannende Freizeitbeschäftigung, bekannte und weniger bekannte Märchen und Geschichten zunächst selbst zu lesen und dann den Enkeln vorzutragen. Sie und Ihre Enkel werden merken, wie viel Lebensweisheit in den alten Texten steckt. Sie werden erkennen, wie wichtig es ist, dass das Gute und Treue, das Tapfere und Redliche in den Geschichten siegt, und wie notwendig es ist, dass das Böse und Gemeine, das Habgierige und Räuberische besiegt wird!

Das kleine Mädchen mit den Zündhölzern

Es war grausam kalt; es schneite und fing an, dunkel zu werden. Es war der letzte Abend des Jahres – Silvesterabend.

In dieser Kälte und Dunkelheit ging ein armes kleines Mädchen auf der Straße, barhäuptig und mit nackten Füßen. Es hatte wohl Pantoffeln angehabt, als es von daheim fortging, aber was half das jetzt?

Es waren sehr große Pantoffeln gewesen, die Mutter hatte sie zuletzt getragen, und so hatte die Kleine sie verloren, als sie über die Straße eilte, als zwei Wagen rasch vorüberfuhren. Der eine Pantoffel war nicht wiederzufinden und mit dem andern lief ein Junge davon. Er sagte, er könnte ihn als Wiege gebrauchen, wenn er selbst einmal Kinder habe.

Da musste nun das kleine Mädchen auf seinen nackten, kleinen Füßen laufen, die vor Kälte rot und blau waren. In einer alten Schürze trug es viele Zündholzschachteln und eine davon hielt es in der Hand. Niemand hatte ihm eine abgekauft, den ganzen Tag lang; niemand hatte ihm auch nur das kleinste Geldstück gegeben.

Hungrig und erfroren schlich die arme Kleine dahin und sah so bedrückt aus. Die Schneeflocken fielen auf ihr langes blondes Haar, das sich so hübsch um ihren Nacken ringelte. Aber an so etwas dachte sie jetzt wirklich nicht. Aus allen Fenstern schimmerten Lichter und bis auf die Straße hinaus duftete es herrlich nach Gänsebraten. Denn es war ja Silvesterabend. – Ja, daran dachte sie.

Drüben in einem Winkel zwischen zwei Häusern, von denen das eine etwas weiter vorgebaut war als das andere, hockte sie sich nieder und drückte sich zusammen. Die kleinen Beine hatte sie unter sich gezogen, doch sie fror immer mehr. Nach Hause zu gehen getraute sie sich nicht, denn sie hatte ja keine Zündhölzer verkauft und nicht einen einzigen Pfennig bekommen. Ihr Vater würde sie schlagen und kalt war es daheim auch. Sie hatten ja nur eben ein Dach über dem Kopf, durch das der Wind hineinpfiff, obwohl die gröbsten Risse mit Stroh und Lumpen verstopft waren.

Die Hände des kleinen Mädchens waren fast abgestorben vor Kälte. Ach, ein kleines Zündholz würde so guttun! Ob sie es wagen sollte, eins aus der Schachtel zu nehmen und an der Mauer zu entzünden, um sich die Finger zu wärmen? – Da hatte die Kleine schon ein Hölzchen herausgenommen. Ritsch! – Oh, wie sprühte es, wie brannte es! Es war eine warme, klare Flamme, ja fast wie ein kleines Licht, wenn man die Hände darumhielt.

Ein wunderbares Licht war es! Dem kleinen Mädchen schien es, als säße es vor einem großen Kachelofen mit blanken Messingknöpfen und Messingbändern. Seine Glut war so wohltuend und wärmte so gut. Die Kleine streckte schon die Füße aus, um auch diese zu wärmen – aber was war das? Da erlosch das Flämmchen und sie hielt nur ein Stümpchen des abgebrannten Zündholzes in der Hand. Ein neues wurde entzündet; es brannte, es leuchtete und sein Schein fiel auf eine Mauer. Da wurde sie durchsichtig wie ein Schleier. Das kleine Mädchen sah in eine Stube hinein, wo der Tisch mit einem schimmernd weißen Tuch und feinem Porzellan gedeckt war und eine leckere, dampfende, gebratene Gans stand darauf, mit Pflaumen und Äpfeln gefüllt. Und was noch schöner war: Die Gans sprang von der Schüssel, wackelte über den Boden, Messer und Gabel im Rücken, und kam gerade auf das arme Mädchen zu. – Da verlöschte das Zündholz und es war nur die dicke, kalte Mauer zu sehen.

Wieder zündete die Kleine eins an. Da saß sie unter dem herrlichsten Weihnachtsbaum. Er war noch größer und prächtiger geschmückt als der, den sie in der Christnacht bei dem reichen Kaufmann durch die Glastür gesehen hatte. Tausende von Lichtern brannten auf seinen grünen Zweigen und zauberten Bilder hervor, wie sie die Schaufenster schmückten. Die Kleine streckte beide Hände danach aus – da ging das Zündholz aus. Die vielen Weihnachtslieder aber stiegen höher und höher und nun sah sie, dass es die klaren Sterne waren. Einer davon fiel und zog einen langen Lichtstreifen über den Himmel.

„Nun stirbt einer!“, sagte die Kleine. Das hatte ihr die Großmutter gesagt, die nun tot war. Sie war die Einzige gewesen, die es gut gemeint hatte mit dem kleinen Mädchen. „Jedesmal, wenn ein Stern fällt“, hatte die Großmutter gesagt, „steigt eine Seele zu Gott auf.“

Abermals strich die Kleine an der Mauer ein Zündholz an. Sie leuchtete damit um sich und in dem Glanz stand auf einmal die alte Großmutter da – so deutlich, so strahlend, so mild und freundlich.

„Großmutter!“, rief die Kleine. „Oh, nimm mich mit! Ich weiß, du bist fort, wenn das Zündholz ausgeht, fort wie der warme Kachelofen, der leckere Gänsebraten und der große, schöne Weihnachtsbaum!" Und hastig entfachte sie alle Zündhölzer, die noch in der Schachtel waren, auf einmal, um nur die Großmutter zu halten. Die vielen Hölzchen leuchteten mit solchem Glanz, dass es heller wurde als am Tage. Noch nie war die Großmutter so schön gewesen und so groß. Sie hob das kleine Mädchen auf ihre Arme und flog mit ihm in die Helligkeit hinein – so hoch, so hoch! Da war keine Kälte mehr, kein Hunger und keine Angst – sie waren bei Gott!

In dem Winkel an dem Hause saß in der kalten Morgenstunde ein kleines Mädchen mit roten Wangen und einem Lächeln um den Mund. Es war tot – erfroren am letzten Abend des alten Jahres. In der Hand hielt es noch den Rest eines abgebrannten Zündholzes.

„Gewiss hat es sich wärmen wollen", sagten die Leute, die es fanden. Niemand aber ahnte, welche Herrlichkeiten es gesehen hatte und wie glücklich es mit der Großmutter in den Himmel geflogen war.

Hans Christian Andersen

Als Großmutter dasaß und erzählte ...

Als ich fünf Jahre alt war, hatte ich einen großen Kummer. Ich weiß kaum, ob ich seitdem einen größeren gehabt habe. Das war, als meine Großmutter starb. Bis dahin hatte sie jeden Tag auf dem Ecksofa in ihrer Stube gesessen und Märchen erzählt.

Ich weiß es nicht anders, als dass Großmutter dasaß und erzählte, vom Morgen bis zum Abend, und wir Kinder saßen still neben ihr und hörten zu. Das war ein herrliches Leben. Es gab keine Kinder, denen es so gut ging wie uns.

Ich erinnere mich nicht an sehr viel von meiner Großmutter. Ich erinnere mich, dass sie schönes, kreideweißes Haar hatte und dass sie sehr gebückt ging und dass sie immer dasaß und an einem Strumpf strickte.

Dann erinnere ich mich auch, dass sie, wenn sie ein Märchen erzählt hatte, ihre Hand auf meinen Kopf zu legen pflegte, und dann sagte sie: „Und das alles ist so wahr, wie dass ich dich sehe und du mich siehst."

Selma Lagerlöf

Kinder lieben Märchen

Kinder mögen Märchen,
weil sie der Fantasie Raum bieten
wie keine andere Geschichte
und weil sie viel Trost spenden.
Im Märchen gibt es
immer wieder einen Ausweg.
Der „Kleine" kommt
letztlich zu seinem Recht.

Magda von Neuerer

Märchen gehören zum bewährten
Erfahrungsschatz unserer Kultur
und stoßen immer wieder dazu an,
Fernsehen, Video und Computer
ihren begrenzten Stellenwert zuzuweisen,
anstatt sich von ihnen
beherrschen zu lassen.

Claudia Mende

Im Märchen sind Kinder
nicht bloß Zuschauer,
sie können selbst erleben,
Gutes und Böses beim Namen nennen
und erfahren,
wie ein Konflikt glücklich gelöst wird.

Günter Brinek

Die Heilige Nacht

Es war an einem Weihnachtstag, alle waren zur Kirche gefahren, außer Großmutter und mir. Ich glaube, wir beide waren im ganzen Hause allein. Wir hatten nicht mitfahren können, weil die eine zu jung und die andere zu alt war. Und alle beide waren wir betrübt, dass wir nicht zum Mettegesang fahren und die Weihnachtslichter sehen konnten.

Aber wie wir so in unserer Einsamkeit saßen, fing Großmutter zu erzählen an.

„Es war einmal ein Mann“, sagte sie, „der in die dunkle Nacht hinausging, um sich Feuer zu leihen. Er ging von Haus zu Haus und klopfte an. ‚Ihr lieben Leute, helft mir!‘, sagte er. ‚Mein Weib hat eben ein Kindlein geboren und ich muss Feuer anzünden, um sie und den Kleinen zu erwärmen.‘ Aber es war tiefe Nacht, sodass alle Menschen schliefen, und niemand antwortete ihm.

Der Mann ging und ging. Endlich erblickte er in weiter Ferne einen Feuerschein. Da wanderte er dieser Richtung zu und sah, dass das Feuer im Freien brannte. Eine Menge weißer Schafe lag rings um das Feuer und schlief und ein alter Hirt wachte über der Herde. Als der Mann, der Feuer leihen wollte, zu den Schafen kam, sah er, dass drei große Hunde zu Füßen des Hirten ruhten und schliefen. Sie erwachten alle drei bei seinem Kommen und sperrten ihre weiten Rachen auf, als ob sie bellen wollten, aber man vernahm keinen Laut. Der Mann sah, dass sich die Haare auf ihrem Rücken sträubten, er sah, wie ihre scharfen Zähne funkelnd weiß im Feuerschein leuchteten und wie sie auf ihn losstürzten. Er fühlte, dass einer nach seiner Hand schnappte und dass einer sich an seine Kehle hängte. Aber die Kinnladen und die Zähne, mit denen die Hunde beißen wollten, gehorchten ihnen nicht und der Mann litt nicht den kleinsten Schaden.

Nun wollte der Mann weitergehen, um das zu finden, was er brauchte. Aber die Schafe lagen so dicht nebeneinander, Rücken an Rücken, dass er nicht vorwärtskommen konnte. Da stieg der Mann auf die Rücken der Tiere und wanderte über sie hin dem Feuer zu. Und keins von den Tieren wachte auf oder regte sich.“

So weit hatte Großmutter ungestört erzählen können, aber nun konnte ich es nicht lassen, sie zu unterbrechen. „Warum regten sie sich nicht, Großmutter?“, fragte ich.

„Das wirst du nach einem Weilchen schon erfahren“, sagte Großmutter und fuhr mit ihrer Geschichte fort. „Als der Mann fast beim Feuer angelangt war, sah der Hirt auf. Es war ein alter, mürrischer Mann, der unwirsch und hart gegen alle Menschen war. Und als er einen Fremden kommen sah, griff er nach seinem langen, spitzigen Stabe, den er in der Hand zu halten pflegte, wenn er seine Herde hütete, und warf ihn nach ihm. Und der Stab fuhr zischend gerade auf den Mann los, aber ehe er ihn traf, wich er zur Seite und sauste, an ihm vorbei, weit über das Feld.“

Als Großmutter so weit gekommen war, unterbrach ich sie abermals. „Großmutter, warum wollte der Stock den Mann nicht schlagen?“ Aber Großmutter ließ es sich nicht einfallen, mir zu antworten, sondern fuhr mit ihrer Erzählung fort.

„Nun kam der Mann zu dem Hirten und sagte zu ihm: ‚Guter Freund, hilf mir und leih mir ein wenig Feuer! Mein Weib hat eben ein Kindlein geboren und ich muss Feuer machen, um sie und den Kleinen zu erwärmen.‘ Der Hirt hätte am liebsten Nein gesagt, aber als er daran dachte, dass die Hunde dem Manne nicht hatten schaden können, dass die Schafe nicht vor ihm davongelaufen waren und dass sein Stab ihn nicht fällen wollte, da wurde ihm ein wenig bange und er wagte es nicht, dem Fremden das abzuschlagen, was er begehrte. ‚Nimm, so viel du brauchst‘, sagte er zu dem Manne.

Aber das Feuer war beinahe ausgebrannt. Es waren keine Scheite und Zweige mehr übrig, sondern nur ein großer Gluthaufen und der Fremde hatte weder Schaufel noch Eimer, worin er die roten Kohlen hätte tragen können. Als der Hirt dies sah, sagte er abermals: ‚Nimm, so viel du brauchst!‘ Und er freute sich, dass der Mann kein Feuer wegtragen konnte. Aber der Mann beugte sich hinunter, holte die Kohlen mit bloßen Händen aus der Asche und legte sie in seinen Mantel. Und weder versengten die Kohlen seine Hände, als er sie berührte, noch versengten sie seinen Mantel, sondern der Mann trug sie fort, als wenn es Nüsse oder Äpfel gewesen wären."

Aber hier wurde die Märchenerzählerin zum dritten Mal unterbrochen. „Großmutter, warum wollte die Kohle den Mann nicht brennen?"

„Das wirst du schon hören", sagte die Großmutter und dann erzählte sie weiter. „Als dieser Hirt, der ein so böser, mürrischer Mann war, dies alles sah, begann er sich bei sich selbst zu wundern: ‚Was kann dies für eine Nacht sein, wo die Hunde die Schafe nicht beißen, die Schafe nicht erschrecken, die Lanze nicht tötet und das Feuer nicht brennt?' Er rief den Fremden zurück und sagte zu ihm: ‚Was ist dies für eine Nacht? Und woher kommt es, dass alle Dinge dir Barmherzigkeit zeigen?'

Da sagte der Mann: ‚Ich kann es dir nicht sagen, wenn du selber es nicht siehst.' Und er wollte seiner Wege gehen, um bald ein Feuer anzuzünden und Weib und Kind wärmen zu können.

Aber da dachte der Hirt, er wolle den Mann nicht ganz aus dem Gesicht verlieren, bevor er erfahren hätte, was dies alles bedeute. Er stand auf und ging ihm nach, bis er dorthin kam, wo der Fremde daheim war. Da sah der Hirt, dass der Mann nicht einmal eine Hütte hatte, um darin zu wohnen, sondern er hatte sein Weib und sein Kind in einer Berggrotte liegen, wo es nichts gab als nackte, kalte Steinwände.

Aber der Hirt dachte, dass das arme unschuldige Kindlein vielleicht dort in der Grotte erfrieren würde, und obgleich er ein harter Mann war, wurde er davon doch ergriffen und beschloss, dem Kinde zu helfen. Und er löste sein Ränzel von der Schulter und nahm daraus ein weiches, weißes Schaffell hervor. Das gab er dem fremden Mann und sagte, er möge das Kind darauf betten. Aber in demselben Augenblick, in dem er zeigte, dass auch er barmherzig sein konnte, wurden ihm die Augen geöffnet und er sah, was er vorher nicht hatte sehen, und hörte, was er vorher nicht hatte hören können. Er sah, dass rund um ihn ein dichter Kreis von kleinen, silberbeflügelten Englein stand. Und jedes von ihnen hielt ein Saitenspiel in der Hand und alle sangen sie mit lauter Stimme, dass in dieser Nacht der Heiland geboren wäre, der die Welt von ihren Sünden erlösen solle.

Da begriff er, warum in dieser Nacht alle Dinge so froh waren, dass sie niemand etwas zuleide tun wollten. Und nicht nur rings um den Hirten waren Engel, sondern er sah sie überall. Sie saßen in der Grotte und sie saßen auf dem Berge und sie flogen unter dem Himmel. Sie kamen in großen Scharen über den Weg gegangen, und wie sie vorbeikamen, blieben sie stehen und warfen einen Blick auf das Kind.

Es herrschte eitel Jubel und Freude und Singen und Spiel und das alles sah er in der dunklen Nacht, in der er früher nichts zu gewahren vermocht hatte. Und er wurde so froh, dass seine Augen geöffnet waren, dass er auf die Knie fiel und Gott dankte."

Aber als Großmutter so weit gekommen war, seufzte sie und sagte: „Aber was der Hirte sah, das könnten wir auch sehen, denn die Engel fliegen in jeder Weihnachtsnacht unter dem Himmel, wenn wir sie nur zu gewahren vermögen." Und dann legte Großmutter ihre Hand auf meinen Kopf und sagte: „Dies sollst du dir merken, denn es ist so wahr, wie dass ich dich sehe und du mich siehst. Nicht auf Lichter und Lampen kommt es an und es liegt nicht an Mond und Sonne, sondern was nottut, ist, dass wir Augen haben, die Gottes Herrlichkeit sehen können."

Selma Lagerlöf

Alte Geschichten

Der Abend dämmert, es wirbelt der Wind
Den Schnee von des Landhofs Dache,
Großmütterchen sitzt am warmen Kamin
Mit den Kleinen im trauten Gemache.
„Erzähl uns nun, Großmütterlein!"
„Recht gern, ihr närrischen Dinger,
Ihr müsst nur brav und bescheiden sein",
Und manchmal hebt sie den Finger.

Dann fängt sie an: „Es war einmal" –
Und die Kinder, sie lauschen und lauschen;
Sie hören das Bellen des Hofhundes nicht
Und des Sturmes Zischen und Rauschen;
Und nicht das Schlagen der Schwarzwälderuhr
Und der Stunde rasches Verrinnen,
Sie sitzen und horchen mit Mund und Ohr,
Versenkt in Träumen und Sinnen.

Großmutter weiß der Geschichten viel
Aus fernen, vergangenen Tagen,
Von Riesen und Zwergen, von Burgen und Seen
Seltsame Märchen und Sagen:
Von Nixen und Elfen, von Rübezahl,
Musikanten und Lumpengesindel,
Und wie Dornröschen in Schlaf versank,
Gestochen von giftiger Spindel.

Vom Weibe, das tanzt' in feurigen Schuhn,
Von sieben Raben und Schwaben,
Vom Aschenbrödel und Drosselbart
Und Hans, dem glücklichen Knaben;
Von der großen Stadt tief unter der See,
Vineta, der schlummernden Leiche,
Auch wohl zum Schluss vom Meister Till
Schalkhafte, lustige Streiche.

Großmutter weiß der Geschichten so viel
Als Blätter auf Büschen und Bäumen,
Die Kinder lauschen mit Ohr und Mund,
Versenkt in Sinnen und Träumen.
Und die kleine Marie, sie lächelt und – schläft.
Still wird es im trauten Gemache
Und der Wind schläft auch und die Sterne stehn
hell über des Landhofs Dache.

Friedrich Wilhelm Weber (1813–1894)

Meine erste Seereise

Unvergesslich bleibt mir diese erste Seereise. Meine alte Großmuhme hatte mir so viele Wassermärchen erzählt, die jetzt alle wieder in meinem Gedächtnis aufblühten.

Ich konnte ganze Stunden lang auf dem Verdecke sitzen und an die alten Geschichten denken, und wenn die Wellen murmelten, glaubte ich die Großmuhme sprechen zu hören.

Wenn ich die Augen schloss, dann sah ich sie wieder vor mir sitzen, mit dem einzigen Zahn in dem Munde, und hastig bewegte sie wieder die Lippen und erzählte die Geschichte vom fliegenden Holländer.

Ich hätte gern die Meernixen gesehen, die ihr grünes Haar kämmen; aber ich konnte sie nur singen hören. Wie angestrengt ich auch manchmal in die klare See hinabschaute, so konnte ich doch nicht die versunkenen Städte sehen, worin die Menschen, in allerlei Fischgestalten verwünscht, ein tiefes, wundertiefes Wasserleben führen.

Heinrich Heine (1797–1856)

Das Herdweibl

Die Kinder saßen am warmen Herd um die Großmutter herum und auf einmal wollte der Fritzl wissen, wozu das kleine Türl unter dem Backrohr da sei. Er fasste nach der Klinke, um es aufzudrücken.

„Lass das Türl in Ruh!“, rief die Großmutter erschrocken, „sonst kommt das Herdweibl mit dem rußigen Haarschopf heraus!“

„Das Herdweibl? Wer ist denn das?“, fragten die Kinder. Da blieb der Großmutter nichts anderes übrig, als die Geschichte zu erzählen.

„Also, passt auf“, sagte sie. „In einem Dorf lebte eine arme Frau, die ging zu den Bauern in die Arbeit, um sich das tägliche Brot zu verdienen. Als sie einmal heimkam, fand sie auf dem Herd ein Töpfchen, in dem ein Rest süßes Mus war. Sie wunderte sich nicht wenig, weil sie alles Geschirr immer wegräumte, bevor sie fortging.

‚Ich will doch sehen, wer heimlich auf dem Herd kocht‘, dachte sie. Drum holte sie am nächsten Tag aus dem nahen Wald einen großen Klumpen Baumpech und bestrich damit die Herdplatte. Und richtig: Als sie an diesem Abend von der Arbeit zurückkam, steckte im Pech ein kleines Weibl. Es war kohlschwarz und hatte einen Haarschopf, der wie ein Ofenputzer aussah.

‚Also, du kochst mit meinem Geschirr‘, sagte die Frau. ‚Da kannst du mir gleich etwas Gutes vorsetzen.‘

‚Ja, gern‘, antwortete das Weibl. Die Frau gab ihm ein leeres Haferl. Flink griff das Weibl in den Kittelsack, zog ein Kochlöfferl heraus und fing an zu rühren. Dabei murmelte es vor sich hin: ‚Kein Mehl, kein Schmalz, kein Ei – und doch – auf einszweidrei! – fertig ist der Brei!‘ War das ein süßes Mus! Die Frau hätte noch dreimal so viel essen mögen. ‚Hilf mir jetzt aus dem Baumpech!‘, bat das Weibl flehentlich.

Die Frau befreite es und reinigte es, so gut das ging, zog ihm aber dabei heimlich das Kochlöfferl aus der Tasche. Dann schlüpfte das Weibl durch die kleine Tür wieder in das Rauchloch, wo es daheim war. Jetzt probierte die Frau gleich die Zauberkunst. Den Spruch hatte sie sich gemerkt und richtig brachte sie in aller Schnelligkeit einen süßen Brei fertig.

Zufrieden legte sie sich ins Bett und versteckte das Zauberlöfferl unter ihrem Kopfkissen. Schon lange hatte sie nicht mehr so angenehm geträumt wie in dieser Nacht. Aber am Morgen! Das hättet ihr sehen sollen! Da war das ganze Bett voll Ofenruß, die Frau war kohlschwarz im Gesicht und unter der Nase hatte sie einen dicken schwarzen Strich aus Ruß; das Kochlöfferl aber war weg. Das hatte sich das Herdweibl in der Nacht geholt und sich mit dem Ruß für den Diebstahl gerächt."

„Nein, so eine rußige Geschichte", sagten die Kinder. „Aber eigentlich ist es der Frau recht geschehen!"

„Freilich", meinte die Großmutter, „drum ist es am besten, man lässt das Herdweibl in Frieden."

Das fanden die Kinder auch und von da an hatte das kleine Türl unter dem Backrohr Ruhe vor ihnen.

Verfasser unbekannt

Rotkäppchen

Es war einmal ein allerliebstes Mädchen, dessen Großmutter hatte ihm ein feines Käppchen von rotem Sammet geschenkt und darum hieß es das Rotkäppchen. Eines Morgens sprach die Mutter: „Liebes Rotkäppchen, Großmutter ist krank. Geh und bringe ihr Kuchen und eine Flasche Wein. Laufe nicht im Wald herum, sondern bleibe hübsch auf dem Weg zur Großmutter!"

Rotkäppchen nahm einen Korb, in den es die Flasche und den Kuchen legte, und ging in den Wald hinein. Wie es arglos dahinwandelte, kam ein Wolf daher. Das gute Kind kannte noch keine Wölfe und hatte keine Furcht.

„Guten Tag, Rotkäppchen!"
„Schönen Dank, Herr Graubart!"
„Wo soll es denn hingehen?"
„Zur Großmutter, die nicht wohl ist!"
„Du willst ihr wohl was bringen?"
„Ei freilich, wir haben Kuchen gebacken und Mutter hat mir auch Wein mitgegeben."
„Sage mir, mein liebes Rotkäppchen, wo wohnt denn deine Großmutter?"
„Ei, gar nicht weit von hier. Ihr müsst ja daran vorbeigekommen sein. Am Gartenzaun wachsen Haselnüsse!"
„O du appetitliches Haselnüsschen", dachte der falsche Wolf. „Dich muss ich knacken, das ist einmal ein süßer Kern." Und er sagte zu dem Mädchen: „Sieh nur, wie da drüben so schöne Blumen stehen und hier so gute Heilkräuter wachsen. Hier steht gleich der Wolfsbast, dort wachsen die Wolfsbeeren und hier blüht die Wolfsmilch."
„Heißen denn alle Kräuter nach dem Wolf?", fragte das Rotkäppchen.
„Die besten, mein liebes Kind!", sprach der Wolf mit rechtem Hohn. Denn alle, die er genannt, waren Giftkräuter. Und damit eilte er spornstreichs nach dem Hause der Großmutter und klopfte an. Die Alte konnte nicht vom Bett aufstehen und rief: „Wer ist draußen?"
„Das Rotkäppchen!", rief der Wolf mit verstellter Stimme.
„Greife durch das Loch in der Türe, da liegt der Schlüssel!", rief die Alte und der Wolf öffnete die Türe, trat in das Stübchen und verschlang die Großmutter, zog ihre Kleider an, legte sich in ihr Bett und zog die Bettvorhänge zu. Nach einer Weile kam das Rotkäppchen ahnungslos herein.

Wie es an das Bett trat, da hatte die Großmutter eine große Schlafhaube auf und sah gar schrecklich aus. „Ach Großmutter, was hast du so große Ohren?", rief das Rotkäppchen!

„Dass ich dich gut hören kann!"

„Ach Großmutter! Was hast du für große Augen!"

„Dass ich dich gut sehen kann!"

„Ei Großmutter, was hast du für haarige große Hände!"

„Dass ich dich gut fassen kann!"

„Ach Großmutter, was hast du für ein großes Maul?"

„Dass ich dich gut fressen kann!"

Und damit fraß der Wolf das arme Rotkäppchen.

Jetzt war der Wolf satt, legte sich wieder hin und schlief ein und schnarchte laut.

Zufällig kam ein Jäger vorbei und dachte: „Ei, ei, die arme alte Frau da drinnen röchelt und liegt wohl gar im Sterben! Du musst nachsehen, was mit ihr ist."

Gedacht, getan; da fand er den Herrn Isegrimm im Bett der Alten liegen. Er zog seinen scharfen Hirschfänger und schlitzte dem schlafenden Wolf den Bauch auf und da kam das niedliche Rotkäppchen heraus. Und hinter dem Rotkäppchen kam zappelnd die Großmutter. Der Wolf schlief noch immer und da nahmen sie Steine, füllten sie dem Wolf in den Bauch und nähten den Ranzen zu.

Jetzt wachte der Wolf auf und humpelte zum Brunnen, denn er hatte großen Durst. Unterwegs sagte er: „Ich weiß gar nicht, in meinem Bauch wackelt's hin und her, wie Wackerstein' – sollten das die Großmutter und Rotkäppchen sein?"

Und wie er aus dem Brunnen trinken wollte, da bekam er das Übergewicht, fiel mit einem lauten Plumps hinein und ertrank. Der Jäger holte den Wolf wieder heraus und zog ihm den Pelz ab und alle drei tranken den Wein und aßen den Kuchen und die Großmutter wurde wieder gesund.

Jacob und Wilhelm Grimm

Des Kaisers neue Kleider

Vor vielen Jahren lebte ein Kaiser, der so ungeheuer viel auf neue Kleider hielt, dass er all sein Geld dafür ausgab, um recht geputzt zu sein. Er kümmerte sich nicht um seine Soldaten, kümmerte sich nicht um das Theater und liebte es nicht, spazieren zu fahren, außer um seine neuen Kleider zu zeigen. Er hatte einen Rock für jede Stunde des Tages und wie man sonst von einem König sagt, er ist im Rat, sagte man hier immer: „Der Kaiser ist in der Garderobe!"

In der großen Stadt, in welcher er wohnte, ging es sehr munter zu; an jedem Tag kamen viele Fremde an. Eines Tages kamen auch zwei Betrüger; sie gaben sich als Weber aus und sagten, dass sie die schönsten Sachen weben könnten, die man sich denken könne. Die Farben und das Muster wären ungewöhnlich schön, überdies besäßen die Kleider die wunderbare Eigenschaft, dass sie für jeden Menschen unsichtbar wären, der nicht für sein Amt tauge oder der unverzeihlich dumm sei.

„Das wären ja prächtige Kleider!", dachte der Kaiser; „wenn ich die anhätte, könnte ich ja dahinterkommen, welche Männer in meinem Reich zu dem Amt, das sie haben, nicht taugen; ich könnte die Klugen von den Dummen unterscheiden! Ja, das muss sogleich für mich gewebt werden!" Und er gab den beiden Betrügern viel Handgeld, damit sie ihre Arbeit beginnen konnten.

Sie stellten auch zwei Webstühle auf und taten, als ob sie arbeiteten; aber sie hatten nicht das Geringste auf dem Stuhl. Frischweg verlangten sie die feinste Seide und das prächtigste Gold, das steckten sie in ihre eigene Tasche und arbeiteten an den leeren Stühlen bis spät in die Nacht.

„Ich möchte doch wohl wissen, wie weit sie sind!", dachte der Kaiser.

Aber es war ihm ordentlich beklommen zumute, wenn er daran dachte, dass derjenige, welcher dumm sei oder schlecht zu seinem Amt tauge, es nicht sehen könne. Nun glaubte er zwar, dass er für sich selbst nichts zu fürchten brauche, aber er wollte doch erst einen anderen senden, um zu sehen, wie es damit stünde. Alle Menschen in der Stadt wussten, welche besondere Kraft diese Kleider hatten, und alle waren begierig zu sehen, wie schlecht oder dumm ihr Nachbar sei.

„Ich will meinen alten, ehrlichen Minister zu den Webern senden!", dachte der Kaiser. „Er kann am besten beurteilen, wie das Zeug sich ausnimmt, denn er hat Verstand und keiner versieht sein Amt besser als er!"

Nun ging der alte, gute Minister in den Saal hinein, wo die zwei Betrüger saßen und an den leeren Webstühlen arbeiteten. „Gott behüte uns!", dachte der alte Minister und riss die Augen auf; „ich kann ja gar nichts sehen!" Aber dieses sagte er nicht.

Beide Betrüger baten ihn, gefälligst näher zu treten, und fragten, ob es nicht ein hübsches Muster und schöne Farben seien. Dann zeigten sie auf den leeren Webstuhl und der arme alte Minister fuhr fort, die Augen aufzureißen; aber er konnte nichts sehen, denn es war nichts da.

„Herr Gott!", dachte er, „sollte ich dumm sein? Das habe ich nie geglaubt und dieses darf kein Mensch wissen! Sollte ich nicht zu meinem Amt taugen? Nein, es geht nicht, dass ich erzähle, ich könne die Kleider nicht sehen!“

„Nun, Sie sagen nichts dazu?“, fragte der eine, der webte.

„Oh, es ist niedlich! Ganz allerliebst!“, antwortete der alte Minister und sah durch seine Brille. „Dieses Muster und diese Farben! – Ja, ich werde dem Kaiser sagen, dass es mir sehr gefällt.“

„Nun, das freut uns!“, sagten die Weber und darauf nannten sie die Farben mit Namen und erklärten das seltsame Muster. Der alte Minister passte gut auf, damit er dasselbe sagen könnte, wenn er zum Kaiser zurückkäme, und das tat er.

Nun verlangten die Betrüger mehr Geld, mehr Seide und mehr Gold, das sie angeblich zum Weben brauchten. Sie steckten alles in ihre eigenen Taschen, auf den Webstuhl kam kein Faden, aber sie fuhren fort, wie bisher an dem leeren Webstuhl zu arbeiten.

Der Kaiser sandte bald wieder einen anderen ehrlichen Staatsmann hin, um zu sehen, wie es mit dem Weben stünde und ob die Kleider bald fertig seien; es ging ihm gerade wie dem ersten; er sah und sah, weil aber außer dem leeren Webstuhl nichts da war, konnte er nichts sehen.

„Ist das nicht ein hübsches Kleid?“, fragten die beiden Betrüger und zeigten und erklärten das prächtige Muster, welches gar nicht da war.

„Dumm bin ich nicht!“, dachte der Mann; „es ist also mein gutes Amt, zu dem ich nicht tauge? Das wäre komisch genug, aber das muss man sich nicht anmerken lassen!“ Und so lobte er das Kleid, welches er nicht sah, und versicherte ihnen seine Freude über die schönen Farben und das herrliche Muster. „Ja, es ist ganz allerliebst!“, sagte er zum Kaiser.

Alle Menschen in der Stadt sprachen von dem prächtigen Kleid.

Nun wollte der Kaiser es selbst sehen, während es noch auf dem Webstuhl war. Mit einer ganzen Schar ausgewählter Männer, unter denen auch die beiden ehrlichen Staatsmänner waren, die schon früher dort gewesen waren, ging er zu den beiden listigen Betrügern, die nun aus allen Kräften webten, aber ohne Faser und Faden.

„Ist das nicht prächtig?“, sagten die beiden alten Staatsmänner, die schon einmal da gewesen waren. „Sehen Euer Majestät, welches Muster, welche Farben!“ Und dann zeigten sie auf den leeren Webstuhl, denn sie glaubten, dass die anderen das Kleid wohl sehen könnten.

„Was!“, dachte der Kaiser, „ich sehe gar nichts! Das ist ja schrecklich! Bin ich dumm? Tauge ich nicht dazu, Kaiser zu sein? Das wäre das Schrecklichste, was mir begegnen könnte!“

„Oh, es ist sehr hübsch!“, sagte er. „Es hat meinen allerhöchsten Beifall!“ Und er nickte zufrieden und betrachtete den leeren Webstuhl, denn er wollte nicht sagen, dass er nichts sehen konnte. Das ganze Gefolge, das er bei sich hatte, sah und sah und bekam nicht mehr heraus als die anderen; aber sie sagten wie der Kaiser: „Oh, das ist hübsch!“ Und sie rieten ihm, diese neuen, prächtigen Kleider das erste Mal bei der großen Prozession, die bevorstand, zu tragen.

„Es ist herrlich, niedlich, exzellent!“, ging es von Mund zu Mund; man schien allerseits innig erfreut darüber und der Kaiser verlieh den Betrügern den Titel: Kaiserliche Hofweber.

Die ganze Nacht vor dem Morgen, an dem die Prozession stattfinden sollte, waren die Betrüger auf und hatten über sechzehn Lichter angezündet. Die Leute konnten sehen, dass sie stark beschäftigt waren, des Kaisers neue Kleider fertig zu machen. Sie taten, als ob sie das Zeug aus dem Webstuhl nähmen, sie schnitten mit großen Scheren in die Luft, sie nähten mit Nähnadeln ohne Faden und sagten zuletzt: „Nun sind die Kleider fertig!“

Der Kaiser mit seinen vornehmsten Kavalieren kam selbst und beide Betrüger hoben den einen Arm in die Höhe, gerade als ob sie etwas hielten, und sagten: „Seht, hier sind die Beinkleider! Hier ist der Rock! Hier der Mantel!“ und so weiter. „Es ist so leicht wie eine Spinnenwebe; man sollte glauben, man habe nichts auf dem Leib; aber das ist gerade die Schönheit davon!“

„Ja!“, sagten alle Kavaliere; aber sie konnten nichts sehen, denn es war nichts da.

„Belieben Euer Kaiserliche Majestät jetzt Ihre Kleider allergnädigst auszuziehen“, sagten die Betrüger, „so wollen wir Ihnen die neuen anziehen, hier vor dem großen Spiegel!“

Der Kaiser legte alle seine Kleider ab und die Betrüger taten so, als ob sie ihm jedes Stück der neuen Kleider anzögen; und der Kaiser wendete und drehte sich vor dem Spiegel.

„Ei, wie gut sie kleiden! Wie herrlich sie sitzen!“, sagten alle. „Welches Muster, welche Farben! Das ist eine köstliche Tracht!“

„Draußen stehen sie mit dem Thronhimmel, welcher über Eure Majestät in der Prozession getragen werden soll“, meldete der Oberzeremonienmeister.

„Seht, ich bin fertig!“, sagte der Kaiser. „Sitzt es nicht gut?“ Und dann wendete er sich nochmals zu dem Spiegel, denn es sollte scheinen, als ob er seinen Schmuck recht betrachte.

Die Kammerherren, welche die Schleppe tragen sollten, griffen mit den Händen nach dem Fußboden, gerade als ob sie die Schleppe aufheben würden; sie gingen und taten, als ob sie etwas in der Luft hielten; sie wagten nicht, es sich anmerken zu lassen, dass sie nichts sehen konnten.

So ging der Kaiser unter dem prächtigen Thronhimmel und alle Menschen auf der Straße und in den Fenstern sprachen: „Gott, wie sind des Kaisers neue Kleider unvergleichlich; welche Schleppe er am Kleid hat, wie schön das sitzt!“ Keiner wollte es sich anmerken lassen, dass er nichts sah, denn dann hätte er ja nicht zu einem Amt getaugt oder wäre sehr dumm gewesen. „Aber er hat ja nichts an!“, sagte endlich ein kleines Kind.

„Herr Gott, hört des Unschuldigen Stimme!“, sagte der Vater; und der eine zischelte dem anderen zu, was das Kind gesagt hatte.

„Aber er hat ja nichts an!“, rief zuletzt das ganze Volk. Das ergriff den Kaiser, denn es schien, sie hätten recht; aber er dachte bei sich: „Nun muss ich die Prozession aushalten.“

Und die Kammerherren gingen noch straffer und trugen die Schleppe, die gar nicht da war.

Hans Christian Andersen

Der Teufel mit den drei goldenen Haaren

Es war einmal eine arme Frau, die gebar ein Söhnlein, und weil es eine Glückshaut umhatte, als es zur Welt kam, so ward ihm geweissagt, es werde im vierzehnten Jahr die Tochter des Königs zur Frau haben.

Es trug sich zu, dass der König bald darauf ins Dorf kam und niemand wusste, dass es der König war, und als er die Leute fragte, was es Neues gäbe, so antworteten sie: „Es ist in diesen Tagen ein Kind mit einer Glückshaut geboren: Was so einer unternimmt, das schlägt ihm zum Glück aus. Es ist ihm auch vorausgesagt, in seinem vierzehnten Jahre solle er die Tochter des Königs zur Frau haben."

Der König, der ein böses Herz hatte und über die Weissagung sich ärgerte, ging zu den Eltern, tat ganz freundlich und sagte: „Ihr armen Leute, überlasst mir euer Kind, ich will es versorgen." Anfangs weigerten sie sich, da aber der fremde Mann schweres Gold dafür bot und sie dachten: „Es ist ein Glückskind, es muss doch zu seinem Besten ausschlagen", so willigten sie endlich ein und gaben ihm das Kind.

Der König legte es in eine Schachtel und ritt damit weiter, bis er zu einem tiefen Wasser kam: Da warf er die Schachtel hinein und dachte: „Vor dem unerwarteten Freier habe ich meine Tochter bewahrt." Die Schachtel aber ging nicht unter, sondern schwamm wie ein Schiffchen und es drang auch kein Tröpfchen Wasser hinein. So schwamm sie bis zwei Meilen von des Königs Hauptstadt, wo eine Mühle war, an dessen Wehr sie hängen blieb.

Ein Mahlbursche, der glücklicherweise da stand und sie bemerkte, zog sie mit einem Haken heran und meinte, große Schätze zu finden, als er sie aber aufmachte, lag ein schöner Knabe darin, der frisch und munter war. Er brachte ihn zu den Müllersleuten, und weil diese keine Kinder hatten, freuten sie sich und sprachen: „Gott hat es uns beschert." Sie pflegten den Findling wohl und er wuchs in allen Tugenden heran.

Es trug sich zu, dass der König einmal bei einem Gewitter in die Mühle trat und die Müllersleute fragte, ob der große Junge ihr Sohn wäre. „Nein", antworteten sie, „es ist ein Findling, er ist vor vierzehn Jahren in einer Schachtel ans Wehr geschwommen und der Mahlbursche hat ihn aus dem Wasser gezogen."

Da merkte der König, dass es niemand anders als das Glückskind war, das er ins Wasser geworfen hatte, und sprach: „Ihr guten Leute, könnte der Junge nicht einen Brief an die Frau Königin bringen, ich will ihm zwei Goldstücke zum Lohn geben?“

„Wie der Herr König gebietet“, antworteten die Leute und hießen den Jungen, sich bereitzuhalten. Da schrieb der König einen Brief an die Königin, worin stand: „Sobald der Knabe mit diesem Schreiben angelangt ist, soll er getötet und begraben werden und das alles soll geschehen sein, ehe ich zurückkomme.“

Der Knabe machte sich mit diesem Brief auf den Weg, verirrte sich aber und kam abends in einen großen Wald. In der Dunkelheit sah er ein kleines Licht, ging darauf zu und gelangte zu einem Häuschen. Als er hineintrat, saß eine alte Frau beim Feuer ganz allein. Sie erschrak, als sie den Knaben erblickte, und sprach: „Wo kommst du her und wo willst du hin?“

„Ich komme von der Mühle“, antwortete er, „und will zur Frau Königin, der ich einen Brief bringen soll: Weil ich mich aber in dem Wald verirrt habe, so wollte ich gerne hier übernachten.“

„Du armer Junge“, sprach die Frau, „du bist in ein Räuberhaus geraten, und wenn sie heimkommen, so bringen sie dich um.“

„Mag kommen, wer will“, sagte der Junge, „ich fürchte mich nicht: Ich bin aber so müde, dass ich nicht weiterkann“, streckte sich auf eine Bank und schlief ein. Bald hernach kamen die Räuber und fragten zornig, was da für ein fremder Knabe läge. „Ach“, sagte die Alte, „es ist ein unschuldiges Kind, es hat sich im Walde verirrt und ich habe ihn aus Barmherzigkeit aufgenommen: Er soll einen Brief an die Frau Königin bringen.“

Die Räuber erbrachen den Brief und lasen ihn und es stand darin, dass der Knabe sogleich, wie er ankäme, sollte ums Leben gebracht werden. Da empfanden die hartherzigen Räuber Mitleid und der Anführer zerriss den Brief und schrieb einen andern und es stand darin, sowie der Knabe ankäme, sollte er sogleich mit der Königstochter vermählt werden. Sie ließen ihn dann ruhig bis zum anderen Morgen auf der Bank liegen, und als er aufgewacht war, gaben sie ihm den Brief und zeigten ihm den rechten Weg.

Die Königin aber, als sie den Brief empfangen und gelesen hatte, tat, was darin stand, hieß ein prächtiges Hochzeitsfest anstellen und die Königstochter ward mit dem Glückskind vermählt; und da der Jüngling schön und freundlich war, so lebte sie vergnügt und zufrieden mit ihm.

Nach einiger Zeit kam der König wieder in sein Schloss und sah, dass die Weissagung erfüllt und das Glückskind mit seiner Tochter vermählt war. „Wie ist das zugegangen?“, sprach er, „ich habe in meinem Brief einen ganz andern Befehl erteilt.“

Da reichte ihm die Königin den Brief und sagte, er möchte selbst sehen, was darin stände. Der König las den Brief und merkte wohl, dass er mit einem andern war vertauscht worden. Er fragte den Jüngling, wie es mit dem anvertrauten Briefe zugegangen wäre, warum er einen andern dafür gebracht hätte. „Ich weiß von nichts“, antwortete er, „er muss in der Nacht vertauscht sein, als ich im Walde geschlafen habe.“

Voll Zorn sprach der König: „So leicht soll es dir nicht werden, wer meine Tochter haben will, der muss mir aus der Hölle drei goldene Haare von dem Haupt des Teufels holen; bringst du mir, was ich verlange, so sollst du meine Tochter behalten.“ Damit hoffte der König ihn auf immer loszuwerden.

Das Glückskind aber antwortete: „Die goldenen Haare will ich wohl holen, ich fürchte mich vor dem Teufel nicht." Darauf nahm er Abschied und begann seine Wanderschaft.

Der Weg führte ihn zu einer großen Stadt, wo ihn der Wächter an dem Tore ausfragte, was für ein Gewerbe er verstünde und was er wüsste. „Ich weiß alles", antwortete das Glückskind. „So kannst du uns einen Gefallen tun", sagte der Wächter, „wenn du uns sagst, warum unser Marktbrunnen, aus dem sonst Wein quoll, trocken geworden ist und nicht einmal mehr Wasser gibt."

„Das sollt ihr erfahren", antwortete er, „wartet nur, bis ich wiederkomme."

Da ging er weiter und kam vor eine andere Stadt, da fragte der Torwächter wiederum, was für ein Gewerbe er verstünde und was er wüsste. „Ich weiß alles", antwortete er. „So kannst du uns einen Gefallen tun und uns sagen, warum ein Baum in unserer Stadt, der sonst goldene Äpfel trug, jetzt nicht einmal Blätter hervortreibt."

„Das sollt ihr erfahren", antwortete er, „wartet nur, bis ich wiederkomme." Da ging er weiter und kam an ein großes Wasser, über das er hinübermusste. Der Fährmann fragte ihn, was er für ein Gewerbe verstünde und was er wüsste. „Ich weiß alles", antwortete er. „So kannst du mir einen Gefallen tun", sprach der Fährmann, „und mir sagen, warum ich immer hin- und herfahren muss und niemals abgelöst werde."

„Das sollst du erfahren", antwortete er, „warte nur, bis ich wiederkomme."

Als er über das Wasser hinüber war, so fand er den Eingang zur Hölle. Es war schwarz und rußig darin und der Teufel war nicht zu Haus, aber seine Ellermutter saß da in einem breiten

Sorgenstuhl. „Was willst du?“, sprach sie zu ihm, sah aber gar nicht so böse aus.

„Ich wollte gerne drei goldene Haare von des Teufels Kopf“, antwortete er, „sonst kann ich meine Frau nicht behalten.“

„Das ist viel verlangt“, sagte sie, „wenn der Teufel heimkommt und findet dich, so geht dir's an den Kragen: Aber du dauerst mich, ich will sehen, ob ich dir helfen kann.“ Sie verwandelte ihn in eine Ameise und sprach: „Kriech in meine Rockfalten, da bist du sicher.“

„Ja“, antwortete er, „das ist schon gut, aber drei Dinge möchte ich gerne noch wissen; warum ein Brunnen, aus dem Wein quoll, trocken geworden ist, jetzt nicht einmal mehr Wasser gibt; warum ein Baum, der sonst goldene Äpfel trug, nicht einmal mehr Laub treibt; und warum ein Fährmann immer herüber- und hinüberfahren muss und nicht abgelöst wird.“

„Das sind schwere Fragen“, antwortete sie, „aber halte dich nur still und ruhig und hab Acht, was der Teufel spricht, wenn ich ihm die drei goldenen Haare ausziehe.“

Als der Abend anbrach, kam der Teufel nach Haus. Kaum war er eingetreten, so merkte er, dass die Luft nicht rein war. „Ich rieche Menschenfleisch“, sagte er, „es ist hier nicht richtig.“ Dann guckte er in alle Ecken und suchte, konnte aber nichts finden.

Die Ellermutter schalt ihn aus. „Eben ist erst gekehrt“, sprach sie, „und alles in Ordnung gebracht, nun wirfst du mir's wieder untereinander; immer hast du Menschenfleisch in der Nase! Setze dich nieder und iss dein Abendbrot.“

Als er gegessen und getrunken hatte, war er müde, legte der Ellermutter seinen Kopf in den Schoß und sagte, sie sollte ihn ein wenig lausen. Es dauerte nicht lange, so schlummerte er ein, blies und schnarchte. Da fasste die Alte ein goldenes Haar, riss es aus und legte es neben sich. „Autsch“, schrie der Teufel, „was hast du vor?“

„Ich habe einen schweren Traum gehabt“, antwortete die Ellermutter, „da hab ich dir in die Haare gefasst.“

„Was hat dir denn geträumt?“, fragte der Teufel. „Mir hat geträumt, ein Marktbrunnen, aus dem sonst Wein quoll, sei versiegt und es habe nicht einmal Wasser daraus quellen wollen, was ist wohl schuld daran?“

„He, wenn sie's wüssten!“, antwortete der Teufel, „es sitzt eine Kröte unter einem Stein im Brunnen, wenn sie die töten, so wird der Wein schon wieder fließen.“

Die Ellermutter lauste ihn wieder, bis er einschlief und schnarchte, dass die Fenster zitterten. Da riss sie ihm das zweite Haar aus. „Hu! was machst du?“, schrie der Teufel zornig. „Nimm's nicht übel“, antwortete sie, „ich habe es im Traum getan.“

„Was hat dir wieder geträumt?“, fragte er. „Mir hat geträumt, in einem Königreiche stände ein Obstbaum, der hätte sonst goldene Äpfel getragen und wollte jetzt nicht einmal Laub treiben. Was war wohl die Ursache davon?“

„He, wenn sie's wüssten!“, antwortete der Teufel, „an der Wurzel nagt eine Maus, wenn sie die töten, so wird er schon wieder goldene Äpfel tragen, nagt sie aber noch länger, so verdorrt der Baum gänzlich. Aber lass mich mit deinen Träumen in Ruhe, wenn du mich noch einmal im Schlafe störst, so kriegst du eine Ohrfeige.“

Die Ellermutter sprach ihm gut zu und lauste ihn wieder, bis er eingeschlafen war und schnarchte. Da fasste sie das dritte goldene Haar und riss es ihm aus. Der Teufel fuhr in die

Höhe, schrie und wollte übel mit ihr wirtschaften, aber sie besänftigte ihn nochmals und sprach: „Wer kann für böse Träume!"

„Was hat dir denn geträumt?", fragte er und war doch neugierig. „Mir hat von einem Fährmann geträumt, der sich beklagte, dass er immer hin- und herfahren müsste und nicht abgelöst würde. Was ist wohl schuld?"

„He, der Dummbart!", antwortete der Teufel. „Wenn einer kommt und will überfahren, so muss er ihm die Stange in die Hand geben, dann muss der andere überfahren und er ist frei." Da die Ellermutter ihm die drei goldenen Haare ausgerissen hatte und die drei Fragen beantwortet waren, so ließ sie ihn in Ruhe und er schlief, bis der Tag anbrach.

Als der Teufel wieder fortgezogen war, holte die Alte die Ameise aus der Rockfalte und gab dem Glückskind die menschliche Gestalt zurück. „Da hast du die drei goldenen Haare", sprach sie, „was der Teufel zu deinen drei Fragen gesagt hat, wirst du wohl gehört haben."

„Ja", antwortete er, „ich habe es gehört und will's wohl behalten."

„So ist dir geholfen", sagte sie, „und nun kannst du deiner Wege ziehen." Er bedankte sich bei der Alten für ihre Hilfe in der Not, verließ die Hölle und war vergnügt, dass ihm alles so wohl geglückt war.

Als er zu dem Fährmann kam, sollte er ihm die versprochene Antwort geben. „Fahr mich erst hinüber", sprach das Glückskind, „so will ich dir sagen, wie du erlöst wirst", und als er auf dem jenseitigen Ufer angelangt war, gab er ihm des Teufels Rat: „Wenn wieder einer kommt und will übergefahren sein, so gib ihm nur die Stange in die Hand."

Er ging weiter und kam zu der Stadt, worin der unfruchtbare Baum stand und wo der Wächter auch Antwort haben wollte. Da sagte er ihm, wie er vom Teufel gehört hatte: „Tötet die Maus, die an seiner Wurzel nagt, so wird er wieder goldene Äpfel tragen." Da dankte ihm der Wächter und gab ihm zur Belohnung zwei mit Gold beladene Esel, die mussten ihm nachfolgen.

Zuletzt kam er zu der Stadt, deren Brunnen versiegt war. Da sprach er zu dem Wächter, wie der Teufel gesprochen hatte: „Es sitzt eine Kröte im Brunnen unter einem Stein, die müsst ihr aufsuchen und töten, so wird er wieder reichlich Wein geben." Der Wächter dankte und gab ihm ebenfalls zwei mit Gold beladene Esel.

Endlich langte das Glückskind daheim bei seiner Frau an, die sich herzlich freute, als sie ihn wiedersah und hörte, wie wohl ihm alles gelungen war. Dem König brachte er, was er verlangt hatte, die drei goldenen Haare des Teufels, und als dieser die vier Esel mit dem Golde sah, ward er ganz vergnügt und sprach: „Nun sind alle Bedingungen erfüllt und du kannst meine Tochter behalten. Aber, lieber Schwiegersohn, sage mir doch, woher ist das viele Gold? Das sind ja gewaltige Schätze!"

„Ich bin über einen Fluss gefahren", antwortete er, „und da habe ich es mitgenommen, es liegt dort statt des Sandes am Ufer."

„Kann ich mir auch davon holen?", sprach der König und war ganz begierig. „So viel Ihr nur wollt", antwortete er, „es ist ein Fährmann auf dem Fluss, von dem lasst Euch überfahren, so könnt Ihr drüben Eure Säcke füllen."

Der habsüchtige König machte sich in aller Eile auf den Weg, und als er zu dem Fluss kam, so winkte er dem Fährmann, der sollte ihn übersetzen. Der Fährmann kam und hieß ihn einsteigen, und als sie an das jenseitige Ufer kamen, gab er ihm die Ruderstange in die Hand und sprang davon. Der König aber musste von nun an fahren zur Strafe für seine Sünden.

„Fährt er wohl noch?“ – „Was denn? Es wird ihm niemand die Stange abgenommen haben.“

Jacob und Wilhelm Grimm

Richtig schön

Wenn Großeltern uns was vorlesen,
ist das richtig schön.
Sie lesen ein und dieselbe Geschichte
auch immer wieder vor,
wenn man das will,
und sie lassen auch nichts aus.

Eine Siebenjährige

Haben Sie Ihre Enkel heute schon gelobt?

Omas schlaue Katze

Irgendwo las ich eine Geschichte von einer Großmutter, die auf einem Bauernhof lebte und dort – neben der Arbeit im Haus und auf dem Feld – auch viele Tiere zu versorgen hatte: Kühe, Pferde, Schweine, Gänse, Enten und Hühner. Zu den Tieren, die die Großmutter pflegte, gehörten auch einige Katzen. Diese hatte sie besonders gern.

Unter diesen Katzen gab es nun eine, die sich vor allen anderen hervortat. Sie fing jeden Tag so zwischen sechs und zehn Mäuse. Aber sie verzehrte ihre Beute nicht sofort nach dem Fang. Großmutters Katze hatte ihre ganz spezielle Methode.

Zunächst wurden die Mäuse im Hausflur in Reih und Glied ausgelegt. Wenn dann die Großmutter am Abend vom Feld zurückkehrte, strich die Katze stelzbeinig, mit einschmeichelnd erhobenem Schwanz und gekonntem Schnurren um die Füße ihrer Herrin herum. Erst nachdem die Großmutter die Mäuse laut abgezählt und der Fängerin ein paar Mal lobend übers Fell gestreichelt hatte, begann diese, die Mäuse wegzutragen, an ihre Jungen zu verteilen oder auch selbst zu verschlingen.

So ging das tagein, tagaus. Immer wiederholte sich die gleiche Prozedur. Doch was die Katze mit ihr erreichen wollte, war ganz eindeutig: Sie wollte, dass die Großmutter mitbekam, wie fleißig sie war. Sie wartete auf ein anerkennendes und lobendes Wort.

Ähnlich geht es auch Ihren Enkeln. Auch sie brauchen immer wieder ein Lob, eine Anerkennung aus Ihrem Munde. Ohne Lob und Anerkennung können sie sich nicht richtig entfalten. Lob ist Lohn für eine Anstrengung, Ansporn zu neuen Leistungen oder Ausweg aus dem Gefühl der Minderwertigkeit. Wer Kinder lobt, macht ihnen Mut, das Leben zu wagen.

„Das hast du ganz prima gemacht"

Es gibt Zeiten, da lechzen Ihre Enkel geradezu nach Lob. Sie zeigen Ihnen stolz ein gemaltes Bild oder eine schön geschriebene Hausaufgabe. Sie erzählen Ihnen von einer besonderen Arbeit, die sie vollbracht haben. In dieser Situation brauchen die Kinder von Ihnen das anerkennende Wort: „Das hast du ganz prima gemacht. Ich freue mich mit dir über diese besondere Leistung."

Wie schön ist es, wenn Großeltern so reagieren: Kinder, die von Oma und Opa (und hoffentlich auch von ihren Eltern) lobende und ermunternde Worte hören, fühlen, dass ihre Arbeit und ihre Leistung anerkannt und gewürdigt wird. In solcher Anerkennung erfahren sie sich selbst: „Ich habe etwas fertiggebracht. Ich bin gar nicht so ungeschickt."

Die Ideen der Kinder beim Kasperlespielen werden fantasiereicher und eindrucksvoller, wenn die Kinder aufmerksam lauschende Großeltern als Publikum haben. Ihre Rollenspiele, ihr Ausgestalten mit den Playmobilfiguren, mit den Puppen, den Stofftieren werden farbiger und variabler, wenn Großeltern lächelnd und lobend dem Spiel ihre Aufmerksamkeit schenken.

Auf diese Weise entsteht in den Jungen und Mädchen ganz allmählich ein gesundes Selbstbewusstsein und ein echtes Sicherheitsgefühl. Und beide Haltungen sind für ihr späteres Leben von großem Vorteil.

Die Geschichte vom kleinen Lob

Es war einmal ein kleines Lob, das größer werden wollte. Die Mutter strich ihm über den Kopf und meinte: „Ich fürchte, du bleibst ein kleines Lob. Vergiss nie: Ein kleines Lob ist besser als der größte Befehl!“

Auf seiner Wanderung in die weite Welt kam es zu einem Mann, der gerade sein Auto wusch: „Kannst du mich nicht gebrauchen – zum Loben?“, fragte das kleine Lob. Aber der putzte weiter und sagte: „Wozu loben? Ich arbeite, damit ich Geld verdiene. Ich putze, damit mein Auto sauber wird. Alles, was ich tue, hat seinen Nutzen. Aber loben ist zu nichts nütze!“ Das kleine Lob schluckte und ging weiter.

Kurze Zeit später sagte es zu einem Kind: „Ich fände es schön, wenn du mich brauchen könntest!“ Da meinte der Junge aufgebracht: „Pah, loben! Was denn? Etwa die Schulaufgaben, die ich jetzt machen muss? Dass mein Fahrrad einen Platten hat? Oder mein Brüderchen immerzu schreit? Nein, alles ist eher zum Ärgern!“ Das kleine Lob schlich sich traurig davon. Will denn niemand mehr loben?

Und das kleine Lob wandte sich an eine alte Frau. „Wen soll ich denn loben?“, sagte sie unzufrieden. „Meine Kinder, die sich nicht um mich kümmern? Oder den Arzt, der schon zwei Jahre an mir herumdoktert?“ – „Vielleicht könntest du ein kleines bisschen Gott loben“, sagte das kleine Lob vorsichtig. „Ach du liebe Zeit“, rief die alte Frau, „heute ist doch nicht Sonntag!?“ – „Vielleicht dafür“, das Lob blieb hartnäckig, „dass du noch lebst, dass du immer zu essen hast, die Sonne und die Blumen sehen kannst ...“ – „Was ist das alles gegen mein Rheuma und mein Alleinsein?“, unterbrach die alte Frau.

So wanderte das kleine Lob weiter. Es klagte: „Alle fragen nur: ‚Warum? Was bringt das? Ich habe es zu schwer!‘ – Dabei gehöre ich doch zum Lebenswichtigsten überhaupt: Leben, lieben und loben – nur ein Buchstabe ist jeweils anders! Wenn das Leben lebenswert ist, dann ist es auch liebenswert und dann ist es auch lobenswert. Und soll dann nicht auch der gelobt werden, der das Leben geschenkt hat?“

Und das kleine Lob kam zu dem Schluss: „Wer sich Zeit nimmt, Atem zu holen, wer wieder richtig sehen lernt, wer die richtigen Maßstäbe setzt, der kann danken und findet zur Freude zurück. Ja, und der muss einfach loben!“

Überliefert

Nur ein kleines Lob

Schon oft
habe ich gespürt,
wie gut Kindern
ein kleines Lob tut.

Immer wieder sehe ich,
wie sehr sie sich
über ein gutes Wort freuen.

Ein einziges Wort
kann Kinder glücklich machen.
Ein einziges Wort
kann alles wiedergutmachen.
Ein einziges Wort
sagt oft mehr als lange Reden.

Herr, lass mich öfter mal
daran denken,
dass es nur eines
kleinen Lobes bedarf,
um ein Kind froh zu machen.

Besser als Tadel

Es ist viel erfreulicher
und erfolgversprechender,
Kinder, Schwiegerkinder und Enkel
lobend zu bestätigen,
als nur dann Stellung zu nehmen,
wenn etwas als tadelnswert
erscheint.

Eine erfahrene Erzieherin

Lob soll Vertrauen schaffen,
das Gefühl der Sicherheit steigern,
zu Initiative anregen,
guten Willen wecken,
das richtige Verhalten unterstützen.
Das alles brauchen die Kinder.

Magdalene Stockinger

Kinder wollen nicht belehrt,
Kinder wollen bestätigt sein.

Werner Bergengruen

Gut, dass es dich gibt

Der Mensch
ist darauf angewiesen,
dass man ihm
von Zeit zu Zeit sagt:
Es ist gut,
dass es dich gibt!

Josef Pieper

Mit Gott im Bunde geht's leichter

„Glaubst du, dass Gott will?"

Oma brachte ihre kleine Enkelin Sara ins Bett, sprach mit ihr noch ein Abendgebet und sang danach leise das alte Kinderlied: „Guten Abend, gute Nacht", dessen letzte Strophe lautet: „Morgen früh, wenn Gott will, wirst du wieder geweckt."

Da fragte Sara plötzlich in die Dunkelheit hinein: „Oma, glaubst du, dass Gott will?"

Oma verschlug es zunächst die Sprache. Dann aber nahm sie die Hand des Kindes und erwiderte verhalten, aber bestimmt: „Ja, ich glaube es." Und die Kleine schlief ein. Alles war gut.

Ich bin der Meinung, dass gerade den Großeltern bei der religiösen Erziehung eine besondere Bedeutung zukommt. Oma und Opa sollten ihren Enkeln neben den üblichen Geschichten, Märchen und Sagen auch viel über Gott erzählen.

Alles Gute kommt von Gott

Der kleine Simon hat auf dem Teppich mit Bauklötzen gespielt. Dann krabbelt er auf Omas Schoß, umarmt sie und erwartet ihre Umarmung. In dieser Erfahrung der Nähe und stillen Verbundenheit sagt die Großmutter: „Wie schön, Simon, dass wir uns so lieb haben! Das schenkt uns der gute Gott. Wie lieb muss er uns haben!"

Da weitet sich zum ersten Mal das Blickfeld des Kindes über seine nächste Umgebung hinaus. Es hört: Da ist ein Guter, der steht hinter uns. Der hat mit Liebe, Nähe und Innigkeit zu tun. Er schenkt mir die Großmutter, die Eltern, die Geschwister. Er bringt uns zusammen. Und er macht, dass wir dabei so glücklich sind.

In diesem kleinen Wort „Glück“, das in die gegenwärtige Erfahrung hineingesagt ist, beginnt das Kind, etwas sehr Tiefes zu begreifen. Eine erste Vorstellung von Gott bildet sich.

Könnte so nicht auch das Gebet des Psalmisten entstanden sein? „Herr, du kennst mich. Ich sitze oder stehe auf, so weißt du es, du verstehst meine Gedanken von ferne. Ich gehe oder liege, so bist du um mich und siehst alle meine Wege. Von allen Seiten umgibst du mich und hältst deine Hand über mir.“

Ein andermal taucht das Wort Gott im Zusammenhang mit einem Apfel auf. Rotbackig und appetitlich liegt er auf dem Tisch und soll nun gegessen werden. Die Großmutter sagt: „Ein schöner Apfel! Der soll uns gut schmecken! Weißt du, woher er kommt? Gott hat ihn auf einem Apfelbaum wachsen lassen und nun schenkt er ihn dir. Da wollen wir uns bei ihm bedanken.“

Jetzt kann ein Gebet folgen – vielleicht ist es das erste, das das Kind mit der Oma betet: „Guter Gott, ich danke dir für den schönen Apfel. Er wird mir jetzt gut schmecken!“

Wenn Sie, liebe Großeltern, so mit dem Kind sprechen, sind Sie auf dem richtigen Weg. Immer wieder begegnet dem Kind in seinem Erfahrungsbereich der große, gute Gott. Und bald hat das Kind ganz fest im Bewusstsein: Das Gute hat mit Gott zu tun. Es kommt von ihm. Ich darf ihm dafür danken.

Gott sagt immer Ja zu uns

Wir brauchen bei Kindern keine Fantasie- und Märchenwelt um den Begriff „Gott“ aufzubauen. Man muss nicht Wolken, Thron, Himmelspapa, Krone und ähnliche Vorstellungen bemühen, sondern es genügt, vom „großen, guten Gott“ oder vom „lieben Gott“ zu sprechen, dem man sich ganz anvertrauen kann. Gott gibt uns gern, was für uns nötig und gut ist. Er liebt uns. Gott sagt immer Ja zu uns und das können auch Großeltern ihren Enkeln vermitteln und vorleben.

Ein zweijähriger Junge hatte zehn Eier aus dem Kühlschrank genommen und mutwillig auf die Erde geworfen, sodass eine große Lache aus glibberigem Eiermatsch den Küchenboden bedeckte. Als seine Oma dazukam, fragte der Kleine besorgt und im plötzlichen Bewusstsein, sich eine ziemliche Dummheit geleistet zu haben: „Jonas lieb?“ Die Oma sagte: „Jonas ist lieb, aber Eier auf den Boden werfen ist nicht schön.“

Ein Kind, das solches erfährt, wird später begreifen, dass Gott, der das Böse verurteilt, uns selbst trotz all unserer Fehler und Schwächen bejaht; dass er uns vergibt, wenn wir ihn darum bitten. Gott ist und bleibt immer der Liebende. So entsteht eine gute, richtige und tiefe Gottesbeziehung, die das ganze Leben hindurch trägt.

Aus der Bibel erzählen

Großeltern können ihren Enkeln erzählen, was von Gott in der Heiligen Schrift geschrieben steht. Zum Beispiel die Geschichte von der Erschaffung der Welt aus dem ersten Buch der Bibel.

Diese Geschichte enthält die für das Kind verständliche Aussage: „Gott ist der Schöpfer aller Dinge."

Bei diesen Erzählungen können biblische Bilderbücher eine Hilfe sein. Diese Bilderbücher können gemeinsam betrachtet, gelesen und besprochen werden. In vielen Orten gibt es vorzügliche städtische und kirchliche Büchereien mit einer Fülle kindgemäßer Bücher.

So lernen die Kinder Gott näher kennen. Allerdings ist das Erzählen meist lebendiger, persönlicher und tiefer als das Anschauen und Lesen von Büchern. Hier wird jeder selbst seinen Weg suchen und so abwechseln müssen, wie er es am besten kann. Auf jeden Fall sind besinnliche Stunden mit den Großeltern für die Enkel eine optimale Vorbereitung auf ein gedeihliches Wachstum ihrer geistigen und religiösen Kräfte.

Auch entsprechende Videos, Kassetten und CDs können gelegentlich gute Dienste tun. Nur müssen Großeltern diese vorher selbst kennen, sie einleiten und dann ein Gespräch anschließen. Technische Mittel allein führen ein Kind noch nicht zu Gott. Sie eignen sich aber ausgezeichnet als Untermalung der großelterlichen Erzählung.

Wenn Enkel fragen: Ist Maria Gottes Frau?

Nein, Maria ist nicht Gottes Frau. Gott ist ja kein Mensch, also kann er auch keine Frau haben. Gott hat aber Maria zu einer besonderen Frau gemacht. Er hat sie auserwählt, die Mutter von Jesus zu werden.

Und das geschah so: Eines Tages kam der Engel Gabriel zu Maria nach Nazaret. Er sprach zu ihr: „Gott hat dich besonders lieb. Du sollst einen Sohn bekommen und ihm den Namen Jesus geben. Man wird auf ihn hören, wenn er zu den Leuten redet, denn er wird König sein und sein Reich wird kein Ende haben."

Maria fragte: „Wie soll das geschehen, ich habe doch noch keinen Mann?" Der Engel antwortete: „Gottes Heiliger Geist wird über dich kommen. Gottes Kraft wird alles in dir bewirken. Darum wird man dein Kind den Sohn Gottes nennen."

Maria antwortete: „Ich bin nur eine Dienerin des Herrn. Es soll so geschehen, wie du gesagt hast." Da verließ sie der Engel und Maria freute sich auf das Kind, das sie bekommen sollte.

Mit dem lieben Gott ist es wie mit dem Plätzchenbacken

Als kleiner Junge verbrachte ich die Zeit vor Weihnachten fast immer bei meiner Oma. Hier gab es Geschichten, warmen Kakao und frische Plätzchen. Im Ofen hörte man das Feuer knistern und Omas Katze lag schnurrend auf dem alten Sofa.

Wenn wir uns mal nicht gegenseitig Geschichten erzählten oder miteinander spielten, schaute ich Oma oft beim Plätzchenbacken zu. Sie machte herrliche Kekse und dann duftete das ganze Haus danach. Ich saß an dem hohen Holztisch, den Kopf auf die Arme gestützt, und sah ihr zu, wie sie den Teig bearbeitete, Sterne und Engel ausstach oder ihre Kekse mit der Hand formte.

Und an einen besonderen solcher Backtage kann ich mich noch sehr gut erinnern. Er war kurz vor Weihnachten. Oma backte meine Lieblingsplätzchen und ich saß am Tisch und sah ihr dabei zu.

Während sie den Teig vorbereitete, summte sie leise ein Weihnachtslied vor sich hin. Als der Teig fertig in der Schüssel angerührt war, verstummte ihr Summen und ohne aufzublicken sagte sie zu mir: „Weißt du, mit dem lieben Gott ist es wie mit dem Plätzchenbacken."

Ich verstand nicht, was sie meinte, und sah sie nur fragend an. Sie nahm eine Handvoll Teig aus der Schüssel, knetete ihn in ihren Händen und sagte: „Der liebe Gott hat dich gemacht. Wenn er dich in der Hand halten darf", sie streute etwas Schokoladenraspel darüber, „und wenn du dich mit ihm verbinden lässt ..."

Jetzt nahm sie den Teig, legte ihn auf den Tisch und walkte ihn ordentlich durch. Dabei fuhr sie fort: „Wenn du auch bereit bist, dich richtig von ihm bearbeiten zu lassen ..." Sie schöpfte etwas Teig auf einen Löffel, formte ihn zu einem runden Keks und sagte: „Wenn du dich also von ihm formen lässt ...", und jetzt hielt sie mir den fertigen Keks hin, er sah schön und lecker aus, „... dann macht er aus deinem Leben etwas ganz Besonderes."

Ich sah sie überrascht an und dachte über das nach, was sie gerade gesagt hatte. Oma summte wieder ihr Lied, formte weitere Kekse und schob sie in den Backofen.

Stefan Gemmel

Mit den Enkeln beten?

Da sind die Enkel für ein paar Tage oder gar ein paar Wochen während der Urlaubszeit bei den Großeltern zu Besuch. Dort wird noch zu Tisch gebetet. Selbstverständlich kurz, kindlich, aber immerhin, es wird noch gebetet.

Nach dem Urlaub bekommen dann die Eltern die Frage auf den Tisch gelegt: „Warum beten wir nicht? Oma und Opa haben mit uns immer gebetet."

Betretenes Schweigen, vielleicht dumme Gesichter. Die Kinder aber spüren, dass hier etwas nicht stimmt. Wer macht es nun richtig? Die Großeltern oder die Eltern?

Es ist gar nicht so leicht, hier und anderswo den rechten Weg zu finden. Um Konflikte kommen wir nicht herum. Man sollte dann und wann miteinander über solche Dinge ruhig sprechen – und den Heiligen Geist sollte man auch dazunehmen.

„Unser Herrgott wird's schon machen"

Ein junger Mann berichtete, dass ihm unauslöschlich im Gedächtnis geblieben sei, wie seine Großmutter auch in schwierigsten Lebensfällen immer guten Mut zeigte und dabei stets sagte: „Unser Herrgott wird es schon recht machen."

Dies, so sagte er, sei ihm, als er erwachsen war und von der ersten Lebenskrise geschüttelt wurde, plötzlich wie von selbst in den Kopf gekommen. Da habe er dasselbe gesagt wie seine Großmutter und Ruhe und Zuversicht seien in sein Herz eingekehrt.

Meine Großmutter

Meine Großmutter hat mich
mit ihrer selbstlosen Liebe
zur Welt bereichert,
indem sie mich mit starker Kraft
für das harte Leben begabt hat ...
Ihre Gebete waren eigener Art:
Sie erzählte Gott
einfach von allem,
was sie im Leben quälte.

Maxim Gorkij (1868–1936)

Es gibt mehr, als man sieht

Ich heiße Luzia Schneider und gehe ins dritte Schuljahr. Eines Tages – es war kurz vor Weihnachten – ging die Klassentür auf und die Schulleiterin kam mit einem fremden Mädchen in die Klasse. Wir schauten sie alle neugierig an. Die Schulleiterin sagte: „Ich bringe euch eine neue Schülerin. Sie heißt Sandra Schneider." Ich dachte, ich höre nicht recht. Ich sprang auf und rief laut in die Klasse: „*Ich* heiße Schneider!"

Das war sehr vorlaut und unsere Lehrerin sagte: „Nicht so laut, Luzia! Ihr habt wirklich den gleichen Namen und wie ich sehe", dabei lachte sie ein bisschen, „habt ihr beiden auch den gleichen schönen Zopf."

Das stimmt. Außer mir und der neuen Sandra hat niemand in der Klasse so einen langen, dicken Zopf. Unsere Lehrerin zeigte auf den freien Platz neben mir und sagte: „Setz dich dorthin, Sandra! Luzia wird dir helfen, dich bei uns zurechtzufinden."

Sandra setzte sich neben mich, ohne mich anzuschauen, und ich sah, wie sie nach ihrem Zopf griff. Das verstehe ich gut. Denn ich greife auch nach meinem Zopf, wenn ich ein bisschen ängstlich bin. Es ist dann so, als könnte man sich festhalten. Ich wollte Sandra zeigen, dass ich ihre Ängstlichkeit verstehe, und legte ihr ein Bonbon hin, das ich gerade in der Tasche hatte.

Sie ließ ihren Zopf los, nahm das Bonbon und sagte leise: „Danke schön!" Dabei lächelte sie mich ein bisschen an. Und dann lächelte ich sie ein bisschen an. So ist sie in unsere Klasse gekommen und sie hat mir gleich gefallen.

Wenn man in einer Klasse nebeneinandersitzt, spricht man natürlich auch miteinander. Sandra erzählte mir, wo sie wohnt, und ich erzählte ihr, wo ich wohne, und wir sprachen von unseren Familien, von Sandras Hamster und von meiner Schildkröte und vielen anderen Dingen. Wir hatten so viel zu erzählen, dass die Lehrerin manchmal sagte: „Die Schneider-Mädchen dürfen nicht so viel schwatzen." Da waren wir wieder eine Weile still.

Wir lernten uns immer besser kennen. Sandra erzählte von Ballettstunden und ich erklärte ihr, worauf es beim Geigespielen ankommt. Es gab noch viele Dinge, über die wir noch nicht gesprochen hatten.

Am letzten Adventssonntag fiel mir ein, dass ich Sandra noch nie in der Kirche begegnet war. Ich gehe mit meinen Eltern jeden Sonntag dorthin.

Am Montag fragte ich sie gleich vor Unterrichtsbeginn: „In welche Kirche geht ihr denn?" Es gibt ja in unserer Stadt mehrere Kirchen. Sandra schaute mich erstaunt an und sagte: „In die Kirche? In einer Kirche war ich noch nie. Wie ist es denn da?“

Ich war ganz verblüfft über ihre Frage und stotterte: „Naja, ganz schön, ja – und manchmal auch ein bisschen langweilig, aber ...“ Ich wollte noch viel mehr sagen, aber wir mussten ein Diktat schreiben und darüber vergaß ich alles andere. Aber am Nachmittag fiel es mir wieder ein und ich sagte zu meiner Mutter: „Stell dir vor, Sandra weiß nicht, wie es in einer Kirche ist!“

Am nächsten Tag fingen dann die Weihnachtsferien an, und weil meine Mutti es mir erlaubt hatte, lud ich Sandra für den nächsten Nachmittag zu uns nach Hause zum Spielen ein. „Ich komme gern“, sagte sie, „meine Eltern sind einverstanden.“

Am nächsten Nachmittag kam Sandra zu uns. Ich war stolz, dass ich sie zu Hause vorstellen konnte, und ich war außerdem noch stolz, dass ich ihr unsere Wohnung und vor allem mein Kinderzimmer zeigen durfte. Ich habe viele Plüschtiere und Sandra schaute sie alle an. Sie liebt Plüschtiere und ich liebe sie auch. Ich zeigte ihr mein neues Kleid, das ich Weihnachten anziehen werde, und sie erzählte mir, was sie sich zu Weihnachten wünscht. Schließlich gingen wir ins Wohnzimmer. Dort war schon die Weihnachtskrippe aufgebaut.

Sandra sauste sofort auf die Krippe los und rief: „Das ist aber eine hübsche Puppenstube! Gehört sie dir?“

Ich wusste gar nicht gleich, was ich sagen sollte: „Das ist doch keine Puppenstube!“, rief ich dann, „das ist doch unsere Weihnachtskrippe!“ Ich sah sofort, dass Sandra überhaupt keine Ahnung hatte, was eine Weihnachtskrippe ist. Ich dachte bisher, das weiß jeder. Sie sagte nur: „So etwas Ähnliches habe ich schon einmal im Schaufenster gesehen.“

Ich wollte ihr natürlich erklären, was eine Weihnachtskrippe ist, und fing sofort damit an: „Das Wichtigste ist das Kind in der Krippe“, sagte ich. Ich weiß das von meinen Eltern und meinem Opa und aus dem Gottesdienst in der Kirche. „Wenn es nicht da wäre, könnte man nicht Weihnachten feiern.“

„Wieso?“, fragte Sandra.

Ich wusste nicht mehr weiter. In meiner Not machte ich einfach den Mund auf und rief laut: „Opa!“ Ich wusste, dass er nebenan in seinem Zimmer war.

Opa kam herein und fragte: „Wo brennt's denn?“ Ich erklärte ihm das Problem und Opa half mir. Er hilft mir immer, wenn ich ihn brauche.

Ich stellte ihm Sandra vor, und als er mit ihr sprach, merkte ich, dass sie noch nie etwas mit einer Weihnachtskrippe und der Kirche zu tun gehabt hatte. Wir setzten uns dann ganz gemütlich auf die Couch. Opa nahm das Kind aus der Krippe und legte es auf seine große Hand. Sandra durfte es auch anfassen.

„Es ist ein richtiges Baby“, sagte sie.

Und Opa fragte: „Sag mal, Sandra, weißt du, was ein Geheimnis ist?“

„Klar“, sagte Sandra, „das ist etwas, von dem man noch nicht alles weiß ...“

„Ja“, sagte Opa, „solche Geheimnisse gibt es. Du wirst jetzt gleich eines kennenlernen: Vor vielen Jahren wurde ein Kind geboren, das den Namen Jesus bekam. Und dieses Kind wuchs heran und wurde schließlich ein erwachsener Mann. Und dieser Mann verriet den Menschen das größte Geheimnis, das es gibt. Er sagte nämlich: Es gibt jemanden, den ihr nicht seht, der aber doch da ist und der euch alle sehr lieb hat.“

„Ist das ein Märchen?“, fragte Sandra.

Opa schüttelte den Kopf und sagte: „Nein, Jesus hat tatsächlich hier auf der Erde gelebt und hat uns allen dieses Geheimnis erzählt."

„Ich weiß das schon!", rief ich dazwischen und nahm vorsichtig die kleine Krippenfigur in die Hand. „Das ist Jesus und wir freuen uns, dass er geboren ist, und wir feiern zu Weihnachten seinen Geburtstag."

„Ich mag Geheimnisse", sagte Sandra, „ich wusste davon noch gar nichts."

„Ja, ja", nickte mein Opa, „es gibt mehr, als man sieht."

Es hörte sich richtig geheimnisvoll an. Schließlich legten wir das Kind wieder in die Krippe und Sandra fragte noch einmal: „Ist das wahr, dass es jemanden gibt, den man nicht sehen kann?"

„Ich glaube das", sagte Opa.

„Und ich auch", sagte ich.

Sandra fragte an diesem Tag noch viele andere Dinge. Ehe sie sich von uns verabschiedete, wollte sie wissen: „Können wir später noch einmal über das große Geheimnis sprechen?"

„Natürlich", sagte Opa und gab ihr zum Abschied die Hand.

An der Haustür rief ich Sandra zu: „Nach Weihnachten treffen wir uns!"

„Klar!", rief sie zurück und rannte los. Ich freue mich schon darauf, Sandra nach den Weihnachtsfeiertagen wiederzusehen; wir werden noch viel zu besprechen haben.

Helga Mondschein

(Aus: Reinhard Abeln/Berthold Weckmann [Hg.], Lichter auf den Tannenspitzen. Kevelaer 1998, S. 80–84)

Gebet für die Enkel

Besonders wichtig ist das regelmäßige Gebet der Großeltern für die Enkelkinder. Die tägliche Fürbitte für die Enkel – und natürlich auch für die eigenen Kinder – ist oft wichtiger als alle Aktivitäten nach außen.

Vielleicht könnten Ihnen diese Gebete eine kleine Hilfe sein:

„Vater im Himmel, du hast uns beschenkt mit den Enkelkindern. Unser Leben ist durch sie reicher geworden, unsere Freude größer. Wir wollen den Weg unserer Enkelkinder geduldig begleiten. Im Gebet empfehlen wir sie deinem besonderen Segen. Hilf du ihnen, dass sie im Glauben an dich ihr Leben gestalten!"

„Vater im Himmel, du hast uns unsere Enkelkinder anvertraut. Wir freuen uns, dass wir sie haben. Wir freuen uns über alle guten Anlagen, die wir an ihnen entdecken.

Wir freuen uns, wenn sie gesund sind und heranwachsen. Wir freuen uns, wenn wir miterleben dürfen, wie sie sich entfalten.

Herr, wir danken dir für unsere Enkelkinder. Wir wollen ihnen helfen, so zu werden, wie du sie haben willst. Wir wollen Geduld haben, wenn sie uns Sorgen machen. Darum bitten wir dich, Herr, segne unsere Enkelkinder. Lass sie von Tag zu Tag mehr lernen, ihr Leben selbst in die Hand zu nehmen.

Gib ihnen einen Glauben, der ihr Denken und Tun durchdringt. Führe sie einmal zu dem Beruf, der ihnen Freude macht. Schenke ihnen Freunde, die sie verstehen und ihnen helfen. Und wenn sie auf die falschen Wege geraten, dann führe sie wieder zurück. Bleib in unserer Familie; wir alle brauchen dich."

(Nach Gotteslob [1975] 25,2)

„Himmlischer Vater! Mit meinen Kindern und Enkeln wohne ich unter einem Dach. Wir sind eine große Familie. Auch wenn es manchmal Schwierigkeiten gibt, so verstehen wir uns doch sehr gut. Ich wünsche mir, dass dies so bleibt, dass ich zur jungen Generation ein gutes Verhältnis behalte.

Herzlich bitte ich dich: Steh uns bei mit deiner Liebe und Güte! Schütze und behüte uns, dass wir uns nach Kräften gegenseitig helfen! Ich vertraue auf dich, weil du der beste Vater bist. Segne uns alle Tage!"

Das Heil gesehen

Wenn mein Vater von Großvater sprach, dann nannte er ihn oft „der Patriarch". Für uns Kinder hörte sich das immer sehr fremd an, zumal wir das Wort überhaupt nicht kannten. Aber, wie Vater das jedesmal aussprach, „der Patriarch"! Irgendwie klang das so ehrfürchtig. Wir spürten förmlich, dass Vater vor Großvater eine ziemlich hohe Achtung haben musste.

Einmal fragte ich ihn, was denn der „Patriarch" bedeutet. Vater erklärte mir, dass es Patriarchen früher zum Beispiel im Volk Israel gegeben hatte. „Ein Patriarch" war der älteste Mann einer großen Familie. Alle hatten eine hohe Achtung vor ihm. Und was er sagte, das taten alle.

Während Vater mir das erklärte, konnte ich sehen, wie er ein wenig schmunzelte. Und ich dachte mir, dass der Name „Patriarch" ganz gut zu Großvater passte.

An einem Nachmittag musste ich mein bestes Kleid anziehen. Jeans kamen nicht infrage. Mein Bruder Michael knatschte ganz schön, weil er seinen Kommunionsanzug anziehen musste. So herausgeputzt, gingen wir Großvater besuchen. Na ja, ich wusste wohl, dass er schon lange Zeit krank war. Aber wofür dann die gute Kleidung?

Ich wunderte mich, dass vor Großvaters Haus so viele Autos standen. „Da, das Auto von Onkel Heinz! – Und da, das grüne. Das gehört Onkel Rolf." Michael kannte alle Autos aus unserer ganzen Verwandtschaft. „Was ist denn bloß los heute?", fragte ich meine Mutter. „Das wirst du schon gleich sehen, Britta. Sei nicht so neugierig! Großvater hat uns gebeten, dass wir alle kommen", antwortete meine Mutter ganz ernst.

Wir kamen in Großvaters Wohnung. Dort waren alle meine Tanten und Onkel versammelt, alle meine Cousins und Cousinen. Und alle hatten Sonntagskleidung an. Alle waren irgendwie ernst und gespannt.

Dann gingen Vater und Mutter mit mir und Michael zu Großvater ins Schlafzimmer. Und als ich ihn da so sitzen sah, ganz aufrecht mit seinem langen weißen Bart, da fiel mir ein: So ähnlich muss damals ein Patriarch ausgesehen haben!

„So, Britta und Michael, das ist schön, dass ihr auch kommt!" Großvater reichte mir die Hand. „Ihr wundert euch bestimmt, weshalb ihr hier seid. „Ja, Großvater", antworteten wir gleichzeitig. „Das hat uns keiner erklärt."

„Ja, wisst ihr, das ist so: Ich bin ja schon sehr alt. Erst vor Kurzem haben wir noch zusammen meinen 85. Geburtstag gefeiert. Jetzt bin ich schon so sehr krank. Und ihr wisst ja: Irgendwann muss jeder Mensch einmal sterben. Ich denke, dass Gott mich jetzt bald zu sich ruft. Ich habe unseren Herrn Pastor hierher gebeten. Er wird mir gleich die heilige Krankensalbung spenden, dann werde ich die heilige Kommunion empfangen. Und da möchte ich, dass ihr alle dabei seid und mir beten helft."

Ich wollte gerne etwas sagen. Dass die Krankheit doch wohl nicht so schlimm sei oder so etwas. Und ich glaube, meine Eltern wollten auch etwas sagen. Aber keiner von uns wagte, Großvater zu widersprechen. Inzwischen waren auch die anderen Verwandten in Großvaters Schlafzimmer gekommen. Als unser Pastor hereinkam, sagte Großvater: „So, Herr Pastor, es ist gut, dass Sie da sind. Meine Familie ist auch hier. Alle wollen mit beten helfen, damit ich meinen Weg zu Gott gut schaffe. Aber vorher möchte ich noch beichten."

Großvater schaute meinen Vater an; der schaute uns an. Wir verstanden und gingen – wie auf Kommando – aus dem Zimmer. Nach etwa zehn Minuten hörten wir die Stimme von Großvater. Sie klang so kräftig wie immer: „Ihr könnt jetzt alle wieder hereinkommen!" Wir gingen wieder hinein und stellten uns um sein Bett auf.

Auf dem Nachttisch stand ein Kreuz, daneben zwei Kerzen. Davor ein Tellerchen mit etwas Salz und Watte. Unser Pastor erklärte: „Ich spende jetzt das Sakrament der Krankensalbung. Dabei beten wir, dass euer Großvater heil wird an Leib und Seele. Und dass Gott ihn für seinen Weg zu ihm stärkt."

Der Pastor salbte Großvater die Stirn, die Augen, die Ohren, den Mund und die Hände. Dabei sprach er: „Durch diese heilige Salbung und durch sein göttliches Erbarmen vergebe dir der Herr alle Schuld." Danach rieb er jedesmal das Salböl mit der

Watte ein, anschließend reinigte er sich mit dem Salz seine Finger.

Dann wendete der Pastor seine Stola: Während sie zur Beichte und zur Krankensalbung die violette Seite zeigte, hatte er nun die weiße Seite angelegt. Er stellte einen kostbaren Behälter auf den Nachttisch. Dann beteten wir zusammen das Vaterunser. Aus dem Behälter nahm er eine Hostie und unser Großvater empfing die heilige Kommunion.

Nach einer Stille sagte Großvater: „Ich kenne da ein ganz altes Gebet. Und ich möchte, dass ihr dieses Gebet jetzt mit mir zusammen betet." Onkel Heinz verteilte Zettel, auf die er das Gebet geschrieben hatte. Dann beteten wir zusammen mit unserem Großvater:

Nun lässt du, Herr, deinen Knecht,
wie du gesagt hast, in Frieden scheiden.
Denn meine Augen haben das Heil gesehen,
das du vor allen Völkern bereitet hast,
ein Licht, das die Heiden erleuchtet,
und Herrlichkeit für dein Volk Israel.

Meine Mutter weinte, als wir uns von Großvater verabschiedeten. Und auch in den Augen meines Vaters sah ich so ein verdächtiges Glänzen. An dem Abend war bei uns zu Hause eine ziemlich gedrückte Stimmung. Das Gebet von Großvater ging mir immer wieder im Kopf herum. „Nun lässt du, Herr, deinen Knecht in Frieden scheiden."

Meint Großvater damit, dass er bald sterben wird? „Denn meine Augen haben dein Heil gesehen." Meint Großvater damit die heilige Kommunion, die er heute empfangen hat?

Es gingen ein paar Tage hin, ohne dass etwas geschah. Am 2. Februar gingen wir mit unseren Eltern abends in die Kirche. „Früher nannten wir diesen Tag ‚Lichtmess', heute sagen wir ‚Fest der Darstellung des Herrn im Tempel'", erklärte unser Pastor am Anfang der Messe. Und er erzählte, wie Maria und Josef das Jesuskind kurz nach der Geburt in den Tempel in Jerusalem brachten, um ihn Gott vorzustellen. Im Evangelium hörten wir dann, dass da im Tempel eine alte Frau war, die hieß Hanna. Und da war ein alter, weiser Mann, der hieß Simeon. Beide kannten die Weissagung, dass Gottes Sohn geboren werden sollte. Sie glaubten daran und kamen nun schon seit vielen Jahren jeden Tag in den Tempel, wo sie auf den Sohn Gottes warteten. Jetzt endlich war es so weit. Hanna und Simeon erkannten in dem Jesuskind den Sohn Gottes. Der alte Simeon nahm das Kind auf seine Arme und sprach:

> Nun lässt du, Herr,
> deinen Knecht,
> wie du gesagt hast,
> in Frieden scheiden ...

Das war's! Das war ja genau das Gebet, das Großvater vor ein paar Tagen mit uns gesprochen hatte. Während der gesamten Kerzenprozession, die nach dem Evangelium folgte, sah ich immer Großvaters Gesicht vor mir. Ich sah ihn, wie er seine heilige Kommunion empfing. War es nicht dasselbe wie damals, als der Simeon im Tempel das Kind auf seinen Armen hielt? Während der ganzen heiligen Messe gingen mir diese Gedanken nicht aus dem Kopf.

Ein paar Tage später kamen Vater und Mutter abends sehr traurig von Großvater nach Hause. „Großvater ist gestorben“, sagte meine Mutter. Vater sagte gar nichts. Ganz gegen seine Gewohnheit zog er sich sofort zurück.

Am Grab von Großvater betete unser Pastor den Lobgesang des Simeon. Als er zu der Stelle kam: „Denn meine Augen haben das Heil gesehen“, da sah ich vor mir, wie Großvaters Augen strahlten, als er damals den Leib des Herrn empfing. Der alte Simeon im Tempel, der Jesus auf seinen Armen hielt, und mein Großvater sind für mich seitdem ein und derselbe. Ich habe es ja selbst erlebt.

Norbert Hoffmann

(Aus: Reinhard Abeln/Berthold Weckmann [Hg.], Lichter auf den Tannenspitzen. Kevelaer 1998, S. 181–186)

Paulus schreibt an Timotheus

Ich denke an deinen
aufrichtigen Glauben,
der schon in deiner Großmutter Loïs
und in deiner Mutter Eunike
lebendig war
und der nun, wie ich weiß,
auch in dir lebt.

2 *Tim* 1,5

Nachdenkenswert

Ich gelangte zum Unglauben
nicht durch die Konflikte
der Dogmen,
sondern durch die Gleichgültigkeit
meiner Großeltern.

Jean-Paul Sartre

Wie die Alten – so die Jungen

Auf das Vorbild kommt es an

Nach einem Erziehungsvortrag hatten sich die anwesenden Eltern die Köpfe heißgeredet. Da erhob sich ein älterer Herr, Großvater von zwei Enkelkindern, und sagte mit verschmitztem Lächeln: „Ihr braucht eure Kinder gar nicht zu erziehen, die machen euch doch alles nach!"

Ich muss diesem Mann recht geben. Am allerwichtigsten für die Erziehung ist das Vorbild der Erwachsenen. Das gilt für die Eltern, das gilt aber auch für die Großeltern. Bitten und danken, grüßen, helfen, Rücksicht nehmen und vieles andere lernen die Kinder nur, wenn sie es in ihrer Umgebung täglich beobachten können.

Abraham a Sancta Clara (1644–1709), Augustinermönch und volkstümlicher Kanzelredner in Wien, wusste um die Wichtigkeit des Vorbildes der „Alten" für die „Jungen", wenn er schreibt:

„Bekannt ist jene Fabel von den jungen Fröschen, welche einmal bei warmer Sommerszeit nächst einer Lacken (Pfütze) über alle Maßen gequakt und geschrien, und zwar derart, dass ein alter Frosch selbst über diese abgeschmackte Musik urdrüssig [aufgebracht, zornig] geworden und die Jungen nicht ein wenig ausgefilzt:

‚Schämt euch, ihr grünhosenen Fratzen', sagte er, ‚ihr wilden Lackenfröscher, ihr hupfenden Spitzbuben! Schämt euch, dass ihr so ein verdrießliches Geschrei vorführt! Wenn ihr doch wollt lustig sein und frohlocken, so singet aufs wenigst (wenigstens) wie die Nachtigall, welche auf diesem nächsten Ast sitzt. Ihr großmaulenden Narren, könnt ihr denn nichts andres als nur das Quakquakquak?!'

‚Vater', antworteten die Frösche, ‚das haben wir doch von dir gelernt!'"

Statt „Vater" können wir auch sagen „Mutter", „Großvater" oder „Großmutter". Kinder lernen das meiste im Leben durch das Vorbild der Erwachsenen. Das Vorbild, das gute und selbstverständliche Beispiel der älteren Generation entscheidet darüber, was einmal aus der jüngeren Generation wird. „Wie die Alten, so die Jungen", sagt der Volksmund mit Recht.

Was im Gemüt der Enkel haften bleibt

Nicht die *Lehre* ist in erster Linie für den Umgang mit Kindern wichtig, sondern das gelebte *Leben*!

Dass Oma nicht verzagte oder sich in nutzloses Jammern verlor, als Opa plötzlich erkrankte und längere Zeit liegen musste, dass sie vielmehr selbst zupackte und alles tat, um die schwere Zeit zu überbrücken, dass sie dies alles ohne Klage tat – dieses vorbildliche Verhalten wird sich in das Gedächtnis der Enkel tief eingraben.

Ebenso wird es im Gemüt der Enkel haften bleiben, dass die Großeltern zu Weihnachten nicht nur sich selbst ein frohes Fest bescherten, sondern auch an einen einsamen Menschen in der Nähe dachten, ihn einluden und mitfeiern ließen. Die Kinder erkennen auf diese Weise, dass ihre Großeltern nicht nur von christlicher Nächstenliebe reden, sondern sie auch praktizieren.

Es ist schön, wenn Kinder solche oder ähnliche Erlebnisse und Erfahrungen bei ihren Großeltern (und hoffentlich auch bei ihren Eltern) machen können. Diese Kinder wachsen in einer liebevollen Atmosphäre auf. Und gerade das ist entscheidend für ihre eigene Entwicklung zu einem liebesfähigen Menschen.

„Oma – meine beste Freundin“

Kinder, die in ihren Großeltern ein gutes Vorbild haben, dürfen sich glücklich schätzen. Eine zwölfjährige Schülerin schrieb in einem Aufsatz über das Thema „Meine beste Freundin“: „Meine beste Freundin ist meine Großmutter. Mit ihr kann ich einfach alles besprechen. Sie hat Verständnis für meine Schwächen und nimmt all meine Sorgen ernst. Überall weiß sie Rat und Hilfe. Sie ist mein großes Vorbild.“

Und ein zehnjähriger Junge erzählte einmal voller Freude über seinen Großvater: „Opa trug mich als Kind oft auf den Armen. In seiner Nähe fühlte ich mich richtig geborgen. Noch heute hilft er mir oft. Man kann sich auf ihn verlassen und ich bin stolz auf ihn.“ Welch herrliches Kompliment für den Großvater!

Seien Sie, liebe Großeltern, Ihren Enkeln ein gutes Vorbild! Dabei ist nicht entscheidend, was Sie den Kindern sagen (so wichtig es auch sein mag), sondern was Sie ihnen *vorleben*. Bereits die alten Römer wussten: „Worte belehren, Beispiele reißen hin!“

So lebt der Glaube weiter

Welch große Bedeutung dem Vorbild, dem gelebten Beispiel, gerade im religiösen Bereich zukommt, zeigt ein Beispiel aus Afrika. Es kann uns alle zum Nachdenken anregen: Eltern, Kinder und Großeltern.

Vor einiger Zeit fand eine internationale Jugendtagung statt, auf der man sich beriet, wie das Evangelium am besten verbreitet werden könne. Die jungen Menschen sprachen von Propaganda, von literarischen Möglichkeiten und vielem anderen mehr, wozu das 21. Jahrhundert entsprechende Mittel bietet. Da meldete sich ein junges Mädchen aus Afrika zu Wort und sagte: „Wir schicken in die Dörfer, die wir für das Evangelium gewinnen möchten, keine Schriften. Wir schicken eine gläubige Familie dorthin, damit die Dorfbewohner sehen, was christliches Leben ist."

Durch Beispiel

Albert Schweitzer wurde gefragt: „Wie erzieht man seine Kinder am besten?"
Er antwortete: „Es gibt drei Methoden:
Erstens – durch Beispiel.
Zweitens – durch Beispiel.
Drittens – durch Beispiel!"

Der Krebs

„Geh doch gerade und vorwärts!“, rief eine Krebsmutter ihrem Jungen zu.
„Ja, gerne, liebe Mutter“, antwortete dieser, „wenn du es mir vormachst!“
Aber die Mutter strengte sich vergeblich an.

Fabel nach Äsop

Der Papagei hat Husten

Ein alter Seemann gab das Rauchen auf, als sein Lieblingspapagei einen Dauerhusten entwickelte. Er machte sich Vorwürfe, dass der Pfeifenqualm im Zimmer die Gesundheit des Papageis geschädigt hatte.

Er ging mit dem Vogel zum Tierarzt. Nach einer gründlichen Untersuchung erklärte der Veterinär, der Papagei leide weder an Psittakose (Infektionskrankheit) noch an einer Lungenentzündung, sondern habe ganz einfach den Husten seines pfeiferauchenden Herrchens nachgeahmt.

Anthony de Mello

Das Gute vorleben

Viele Erwachsene
predigen den Kindern
zu viel des Guten,
anstatt ihnen das Gute
einfach vorzuleben.

Edmund Wiesböck

Wie soll ein Kind
eine Persönlichkeit werden,
wenn es ständig
zurechtgewiesen wird,
nur weil die Erwachsenen
als Vorbild
mit sich selbst
nicht zufrieden sind?

Liv Linde

Sei in dir selbst
zu Haus –
eher kannst du andern
nicht Heimat sein.

Michael Brink

Wie der Acker, so die Rüben,
wie der Vater, so die Buben.
Wie die Mutter, so die Töchter
und zuweilen etwas schlechter.

Spruchweisheit

Warum verlangen
so viele Erzieher
von ihren Kindern gerade das,
was sie selber
nicht tun wollen, mögen
oder wozu sie gar nicht
in der Lage sind?

Alexandra von Pipal

Wenn Sie Ihren Kindern
unbedingt etwas geben möchten,
so geben Sie ihnen
eine gute Erziehung,
ein gutes Beispiel!

Johanna Fürst-Rieder

Es ist leichter,
einem Kind zehn Euro
zu geben
als ein gutes Beispiel.

Volksmund

Beispiel und Liebe

Erziehung ist Beispiel und Liebe –
sonst nichts.

Johann Heinrich Pestalozzi

Ein Gramm Beispiel gilt mehr
als ein Zentner guter Worte.

Franz von Sales

Kindern sollte man,
ja muss man sogar vieles vorleben.
Das Sagen nützt hier
manchmal wenig.

Frank Elstner

Altes Herz wird wieder jung

„Eines meiner schönsten Weihnachtsfeste“

Durch den Umgang mit der jungen Generation blühen die Großeltern wieder auf. Sie finden die menschlichen Begegnungen, die ihrem Alter Sinn und Erfüllung geben. Ein weises Wort lautet: „Im Umgang mit der Jugend besteht das Elixier zur fortwährenden Lebendigkeit im Alter.“

Dass Enkel wirklich wieder jung machen, hat mir eine Großmutter in einem Brief wie folgt beschrieben:

Einige Zeit vor Weihnachten überraschten mich die Kinder mit einer ungewöhnlichen Bitte. „Dieter“, sagte meine Schwiegertochter Christine, „muss plötzlich über Weihnachten eine Vertretung in der Schweiz übernehmen. Ich würde ihn gern begleiten. Könntest du wohl die Kinder zu dir nehmen?“

Natürlich war ich zuerst enttäuscht. Wie sehr hatte ich mich auf das Weihnachtsfest bei meinen Kindern und Enkeln im Taunus gefreut! Endlich einmal ausspannen nach den hektischen und anstrengenden Tagen im Geschäft. Raus aus dem Großstadtrummel! Nichts zu tun haben, als mit den Kleinen zu spielen und mit ihnen durch die verschneiten Wälder zu rodeln. Aber schließlich gab ich mir einen Ruck und sagte Ja.

Am nächsten Tag sah die Sache für mich schon anders aus und ich fing an, mich darauf zu freuen. Ich lief durch die Stadt und machte Weihnachtseinkäufe. Eine richtige große Bescherung wollte ich meinen Enkeln bereiten, genau wie früher, als unsere Kinder noch klein waren.

Ich kaufte und kaufte und merkte gar nicht, dass meine Brieftasche immer dünner wurde. Einen Weihnachtsbaum hatte ich auch schon lange nicht mehr gehabt. Nun suchte ich eine große Edeltanne aus und ließ sie mir nach Hause bringen.

Jetzt geriet ich in eine richtige Weihnachtsstimmung. Ich backte Weihnachtsplätzchen – das hatte ich viele Jahre nicht mehr gemacht –, stieg in den Keller und holte die Kugeln und Strohsterne, fand auch noch eine Weihnachtspyramide.

Bekannten, die mich für die Festtage einladen wollten, sagte ich ab: „Ich kann nicht kommen, meine Enkel besuchen mich zum Weihnachtsfest!" Und ich sagte es so froh, wie es mir wirklich aus dem Herzen kam.

Als die Enkel kamen, war das Weihnachtszimmer fast fertig und gut verschlossen. Mit dem geschmückten Tannenbaum und den Spielsachen darunter sah es aus wie früher, als mein Sohn noch klein war.

Es bleibt noch zu sagen, dass es für mich eines der schönsten Weihnachtsfeste meines Lebens wurde – allein mit meinen Enkeln. Ich fühlte mich um viele Jahre zurückversetzt und wieder jung wie in den ersten Jahren unserer Ehe.

Als die Kleinen schliefen, schlich ich noch einmal an ihre Betten, wie ich es früher bei meinen Kindern tat. Sie hatten rote Wangen und einen glücklichen Ausdruck in ihren kleinen Gesichtern. Gabi hielt ihre neue Puppe fest im Arm und Stephan träumte gewiss von seinem neuen Fahrrad.

Selten ist es mir so wie an diesem Weihnachtsabend bewusst geworden, wie schön es ist, Großmutter zu sein ...

Es gibt also keinen Zweifel daran: Enkel machen wieder jung, steigern die Lebensfreude der Großeltern, halten Oma und Opa

„auf Trab“. Viele Menschen blühen wieder auf, wenn sie einen Säugling im Arm halten. Wem täte das Streicheln, das Bussi des Kleinen nicht wohl, das herzliche Willkommen und das andächtige Zuhören! Und die Briefmarkensammlung wird doppelt interessant, wenn junge Augen sie mitbetrachten!

„Was täte ich auch ohne sie?“

„Wie habe ich mich gefreut“, so erzählt eine 68-jährige Großmutter, „dass an meinem Geburtstag alle Kinder und Enkel bei mir waren! Besonders habe ich mich über den Besuch meiner Enkel gefreut. Sie sind wie das quirlende Leben. Wir haben viel gespielt und gelacht.

Aber jetzt bin ich auch wieder froh, dass alle fort sind, dass der Sturm vorüber ist. Ich brauche jetzt Tage, bis alles in der Wohnung wieder in Ordnung ist. Es geht nicht mehr so schnell bei mir. Aber ich nehme gern alle Umstände auf mich, weil ich froh bin, dass die Kinder und Enkel immer gern zu mir kommen.

Was täte ich auch, wenn sie wegblieben! Ich will ein offenes Haus behalten. Obwohl ich oft müde bin, freue ich mich schon wieder auf den nächsten Besuch. Es ist gut, dass mein Mann da ist und mir tatkräftig unter die Arme greift.“

Anekdote

„Fühlst du dich jetzt alt,
weil du Großvater geworden bist?“,
fragen Freunde einen Mann
bei der Geburt des ersten Enkels.
„Nein“, sagt er
und trinkt einen Schluck,
„aber dass ich jetzt
mit einer Großmutter verheiratet bin,
das gibt mir zu denken!“

Überliefert

So bleibt man jung

Man bleibt jung,
solange man noch lernen,
neue Gewohnheiten annehmen
und einen Widerspruch
ertragen kann.

Marie Ebner-Eschenbach

Kinder erfrischen das Leben
und erfreuen das Herz.

Friedrich Schleiermacher

Die Freude
und das Lächeln der Kinder
sind der Sommer des Lebens.

Jean Paul

Wer sich um Enkel kümmert,
hat keine Zeit,
alt zu sein.

Nach Wilhelmine Lübke

Lustiges aus Enkelmund

Großvaters Bart

Der kleine Emil ist auf Besuch bei seinem Großvater. Der alte Herr versteht es großartig, mit seinem Enkel umzugehen, und dieser wieder hängt mit großer Liebe an seinem Großvater und alles, was dieser macht und tut, findet die Bewunderung des kleinen Mannes.

Schon das Äußere des Großvaters ist ihm bewundernswert – besonders der lange graue Bart, der ihm bis auf die Brust herabgeht, und die große, blanke, wie ein Vollmond schimmernde Glatze.

Als nun der kleine Emil wieder einmal zwischen den Knien seines im Klubsessel ruhenden Großvaters steht, fragt er: „Großvater, sag, bist du auch einmal ein kleiner Junge gewesen?" – „Aber freilich", sagt der Großvater, „freilich bin ich auch einmal ein kleiner Junge gewesen, so klein wie du – und noch kleiner!"

Da klatscht Emil voll Freude und Vergnügen in die Hände und ruft mit Lachen: „Aber Großvater, musst du komisch ausgesehen haben – mit deiner Glatze und deinem großen Bart!"

Volksgut

Zähne wie die Oma

Felix ist gerade sechs Jahre alt geworden. Immer wieder verliert er einen seiner Milchzähne.

Als ihm gerade mal wieder einer ausgefallen ist, geht er zur Mutter und fragt: „Mama, warum fallen mir eigentlich die Zähne aus?"

Die Mutter antwortet: „Das hat der liebe Gott so gemacht. Wenn die alten Zähne ausfallen, dann haben die neuen mehr Platz zum Wachsen."

Felix denkt eine Weile nach und fragt dann: „Mama, warum hat mir der liebe Gott nicht gleich solche Zähne gegeben, wie sie die Oma hat? Die kann ihre Zähne einfach hineintun und dann wieder herausnehmen!"

Mundharmonika

Der kleine Moritz lauscht begeistert dem Mundharmonikaspiel seines Opas. Er summt erst eine Weile mit und fragt dann plötzlich: „Opa, darf ich auch mal auf deiner Gitarre flöten?"

Und jetzt die Hände ...

Nur mit Mühe und Not gelingt es der Oma, den kleinen Karl zum Gesichtwaschen zu bewegen. „Und jetzt die Hände!", mahnt die Oma.

„Ach", sagt Karlchen ein wenig unwillig, „nun sei doch nicht so. Die Hände stecke ich ja doch in die Tasche."

Pilze

Die kleine Lisa isst bei ihrer Großmutter Omelett mit Champignons. Begeistert sagt sie: „Papi mag auch gerne Pilze. Aber er trinkt sie immer aus dem Glas!“

Der Adamsapfel

Sophia, acht Jahre alt, ist in den Ferien bei den Großeltern auf Besuch und schaut eines Morgens dem Opa beim Rasieren zu.

Plötzlich meint sie: „Opa, du hast gar nicht so einen Adamsapfel wie Papi.“

Noch ehe der Opa antworten kann, fährt das Mädchen fort: „Warum sagt man eigentlich Adamsapfel?“

Und sofort geht das kleine Plappermäulchen weiter: „Opa, ich weiß schon: Das ist der Apfel, den Adam nicht hätte essen dürfen. Der ist ihm dann im Hals stecken geblieben!“

Noch nicht reif?

David geht mit seinem Großvater spazieren. Plötzlich ruft er aus: „Schau mal, Opa, da sitzt ein Zitronenfalter!“

„Unsinn! Zitronenfalter sind gelb. Der da ist grün.“

Darauf der Kleine: „Vielleicht ist er noch nicht reif.“

Nimm zwei!

Oma: „Bist du dir im Klaren, dass der liebe Gott anwesend war, als du das Bonbon in der Küche geklaut hast?“

Enkel: „Ja.“

Oma: „Und dass er dich die ganze Zeit über angeschaut hat?“

Enkel: „Ja.“

Oma: „Und was, meinst du, hat er zu dir gesagt?“

Enkel: „Er hat gesagt: ‚Niemand ist hier außer uns beiden – nimm zwei!‘“

Der Papagei

„Sag mal, Kai“, wendet sich die Oma an ihren Enkel, „euer Papagei sagt ja lauter schlimme Wörter. Hast du ihm diese beigebracht?“

„Nein, ich habe ihm nur beigebracht, was er nicht sagen darf“, verteidigt sich der Junge.

Der leise Schutzengel

Eines Tages war der kleine Timo, der bei den Großeltern zu Besuch war, nicht brav. Die Oma musste ihn ermahnen und fragte den Jungen:

„Timo, hat dein Schutzengel dir denn nicht gesagt, dass du das nicht tun darfst?“

Darauf erwiderte der Junge ganz kleinlaut: „Der Schutzengel hat heute so leise gesprochen, dass ich ihn gar nicht verstehen konnte!“

Ausgespuckt

„Magst du einen Bonbon?“, fragt der kleine Lukas seine Großmutter.

„Gerne, mein Junge.“

Lukas lässt sich das nicht zweimal sagen. Er drückt der Oma einen Bonbon in die Hand und beobachtet interessiert, wie sie ihn in den Mund schiebt.

Nach einer Weile fragt er: „Schmeckt er?“ – „Ausgezeichnet, mein Junge!“

Lukas schüttelt den Kopf: „Das verstehe ich nicht“, brummt er. „Wieso hat ihn der Hund dann ausgespuckt?“

„Die Banane!“

Die Kinder auf dem Spielplatz machten einen tollen Lärm. Großvater suchte zu schlichten und erkundigte sich: „Weshalb streitet ihr denn so?“

„Wer die größte Lüge erzählt, bekommt eine Banane!“, verriet der älteste Junge.

„Kinder, Kinder“, meinte da Großvater tadelnd, „als ich in eurem Alter war, wusste ich noch nicht einmal, was eine Lüge ist!“

„Niklas“, rief da der Kleinste, „gib ihm die Banane!“

Hörfehler

Lena, vier Jahre alt, singt voller Überzeugung das Lied „Weißt du, wie viel Sternlein stehen ..." Die Zeile „Gott, der Herr, hat sie gezählt ..." geht bei ihr infolge eines Hörfehlers so: „Gott, der Herr, hat sieben Zähne, dass ihm auch nicht einer fehle ..."

Auf Ferienbesuch

Toni ist bei der Oma auf Ferienbesuch. Jeden Abend betet sie mit ihm: „Lieber Gott, mach mich fromm, dass ich in den Himmel komm!"

Eines Abends aber fragt Toni mit erschrockenen Augen: „Aber Oma, wie komme ich denn da wieder herunter?"

Vor dem Essen

Die Großeltern haben ihren kleinen Enkel Max zu sich eingeladen. Vor dem Mittagessen sagt die Oma: „Heute darf unser kleiner Gast das Tischgebet sprechen."

Max ist stumm wie ein Fisch. Die Oma will helfen und fragt: „Na, was sagt denn deine Mama immer, ehe ihr zu Hause anfangt zu essen?"

Darauf erwidert Max mit fromm gefalteten Händen: „Bekleckert euch ja nicht, ihr Ferkel!"

Besuch bei der Oma

„Philipp, hast du meinen Rat befolgt und einen Menschen glücklich gemacht?"

„Ja, Herr Lehrer, ich habe meine Oma besucht und sie war glücklich, als ich wieder ging!"

Nicht nötig

„Oma, ich möchte mich für das schöne Spielzeug zu meinem Geburtstag bedanken."

„Aber das ist doch nicht nötig."

„Das finde ich auch, aber Mama hat gesagt, ich solle mich trotzdem bedanken."

Für den Ziegenbock

Der kleine vierjährige Jakob war bei Oma und Opa auf Ferienbesuch.

Auf einem Spaziergang entdeckte er eines Tages einen kleinen Ziegenbock. Der Junge war so begeistert, dass er vor lauter Freude fast nicht mehr wegzubekommen war.

Nach dem Abendessen musste er sein Abendgebet beten. Die Oma half ihm dabei: „Alles für den lieben Gott und ..."

Prompt kam es aus dem Mund des Jungen: „Und für den kleinen Ziegenbock!"

Lebendige Schimpfwörter

Die Enkel besuchen mit dem Opa den kleinen Zoo der Stadt.

Als Till, der Jüngste der Kinder, die vielen Schafe, Esel, Ziegen, Schweine, Affen, Rinder und Kamele sieht, meint er: „Toll, Opa, da laufen ja alle Schimpfwörter lebendig herum!"

„Gottes Liebe deckt dich zu!"

Klara ist für ein paar Tage bei Oma zu Besuch. Nach dem Abendessen beten sie zusammen ein kleines Nachtgebet.

Dann bringt Oma die Kleine zu Bett. Sie gibt dem Mädchen noch einen Gutenachtkuss und sagt: „Nun gute Nacht und süße Ruh, Gottes Liebe deckt dich zu!"

Da sieht die Kleine mit ihren großen Augen fragend zu ihrer Oma auf und sagt ganz treuherzig: „Oma, ich glaube, ich decke mich schon lieber selber zu!" – und zieht die Decke über beide Ohren!

Geschenk für den Opa

Der kleine Paul will seinem Opa zu Weihnachten eine Kleinigkeit schenken und überlegt lange. Dann geht er in ein Spielwarengeschäft und fragt die Verkäuferin: „Haben Sie vielleicht etwas für einen aufgeweckten Siebzigjährigen?"

Wo ist der heilige Josef?

Die Oma erzählt ihrer fünfjährigen Enkelin Johanna die Geschichte von der Geburt des Jesuskindes. Sie hat dazu ein Krippenbild aufgestellt, das aber nur Maria mit dem Kind in der Krippe darstellt.

„Wo ist denn der heilige Josef?", will Johanna von der Großmutter wissen, gibt sich aber gleich selber die Antwort: „Ach, ich weiß, der musste ja knipsen!"

Übung ist alles

„Wie kann man nur mit vollem Mund reden?", fragt die Oma den Enkel.

„Ganz einfach, trainieren, trainieren und nichts als trainieren!"

Vor oder nach Christus?

Immer muss Oma ihren Enkeln Märchen erzählen. Aber einmal ist ihr Vorrat zu Ende und sie sagt: „Nun erzähle ich euch mal was aus meinem Leben. Es war so ungefähr 1930 ..."

„Vor Christus oder nach Christus?", will Martin wissen.

Schwerhöriger Opa

Es ist der Abend vor dem Geburtstag. Simon, neun Jahre alt, betet wie gewöhnlich sein Abendgebet. Plötzlich ruft der Junge in höchster Lautstärke: „Und dann, lieber Gott, mach doch bitte, dass ich morgen ein Fahrrad und ein Indianerbuch bekomme!"

„Warum schreist du denn so?", will die Mutter von ihrem Sohn wissen. „Der liebe Gott ist doch nicht schwerhörig!"

„Der liebe Gott nicht", antwortet Simon, „aber der Opa nebenan!"

Noch nicht fertig

Der kleine Peter kommt ins medizinische Fachgeschäft. „Ist das Hörgerät für meinen Opa fertig?", fragt er.

„Noch nicht, mein Junge", erwidert der Inhaber freundlich. „Braucht es dein Opa denn so dringend?"

„Das nicht, aber die Oma möchte ihm mal wieder gehörig die Meinung sagen."

Süßes für die Bären

„Oma, spiel mit uns! Wir spielen nämlich die Bären im Tiergarten."

„Und was soll ich dabei?", fragt die Großmutter.

„Du bist eine nette alte Dame, die den Bären immer Süßigkeiten zuwirft."

Nicht geglückt

Klein Eva sieht der Großmutter zu, wie sie am Toilettentisch sitzt und sich zurechtmacht. Nach einiger Zeit stillen Zuschauens fragt sie: „Oma, warum machst du das?"

„Damit ich schön werde", antwortet die Großmutter.

Da meint die Kleine: „Aber gell, Oma, diesmal ist es dir nicht geglückt?"

Kein Pferd

Tim ist bei der Oma zu Besuch. Abends beten sie zusammen das Nachtgebet.

Kaum hat der Junge die letzten Worte gesprochen, protestiert er heftig: „Oma, ich will aber kein Pferd werden!"

Die Großmutter schaut ihn verständnislos an: „Was soll denn das bedeuten?"

Darauf der Kleine: „Immer muss ich bei dir beten: ‚Heiliger Schutzengel mein, lass mich bei dir ein Fohlen sein!'"

Zum Bedenken

Was Sie überlegen sollten

Bemühe ich mich – in Absprache mit der jungen Familie – um eine gute Erziehung meiner Enkel?
Fühlen sich meine Enkel bei mir wohl?
Nehme ich mir genügend Zeit für meine Enkel?
Schenke ich meinen Enkeln die nötige Zuwendung?
Kommt es gelegentlich vor, dass ich meine Enkel (aber auch meinen Ehegatten) in einem Anliegen, einer Aufgabe oder Bedrängnis alleinlasse?
Kümmere ich mich um die religiöse Erziehung meiner Enkel?
Pflege ich das Gebet mit meinen Enkeln?
Halte ich, was ich meinen Enkeln versprochen habe?
Nehme ich mir Zeit, geduldig ihre Fragen zu beantworten?
Bin ich ein Vorbild für meine Enkel?

Zehn Gebote für Großeltern

1. Du sollst deine Enkel nicht vergöttern, auch wenn es deiner Meinung nach niemand mit ihnen aufnehmen kann an Intelligenz und Charme, an Schönheit und Gewandtheit. Deine Enkel sind Gottes Geschöpfe und nie und nimmer selber Gott.

2. Du sollst dir von deinen Enkeln kein Bild machen und deine Kinder nicht drangsalieren, sie nach deiner Vorstellung zu erziehen. Überlass die Erziehung den Eltern deiner Enkel und bilde dir nicht ein, du habest alles viel besser gemacht.
3. Du sollst über die beiden Generationen nach dir nicht nur schimpfen, wie anders oder gar wie schlecht sie seien. Rede viel lieber mit ihnen, weniger über sie. Rede aber mit Gott über sie, weil er dein Vater und ihr Vater ist.
4. Du sollst dich für deine Kinder und Enkel nicht vollkommen kaputt machen. Du brauchst Zeit für dich selbst, sonst gehst du unter. Du brauchst Zeit für Gott, sonst gehst du verloren.
5. Du sollst bedenken, dass du Großvater und Großmutter bist. Und daran, wie deine Kinder mit ihren Kindern umgehen, kannst du ablesen, wie du mit deinen Kindern umgegangen bist. Geht es gut, danke Gott. Geht es schlecht, tu Buße.
6. Du sollst deinen Kindern und Enkeln nicht immer im Ohr liegen, sie würden dich nicht besuchen und dich in der Einsamkeit umkommen lassen. Verhalte dich so, dass sie gern zu dir kommen und sich bei dir aufgehoben und zu Hause fühlen.
7. Du sollst die Finger von der Ehe deiner Kinder lassen. Rate, wenn sie dich fragen. Hilf, wenn sie dich bitten. Erzähl von deiner eigenen Ehe nicht nur das Gute, sondern auch das Böse, wie du es überwunden hast und wie du gescheitert bist.
8. Du sollst die Herzen deiner Enkel nicht ihren eigenen Eltern stehlen, indem du sie mit Geschenken überhäufst. Ver-

suche sie vielmehr für Gott zu gewinnen. Dabei gewinnen deine Enkel am meisten.

9. Du sollst die Kinder deiner eigenen Kinder nicht gegeneinander ausspielen. Lass deine Enkel nicht spüren, was du an den Eltern deiner Enkel auszusetzen hast, was sie dir antun oder angetan haben. Wahrheit gegen jemand, Wahrheit ohne Liebe ist Lüge.
10. Du sollst deine Enkel nicht um ihr Kindsein beneiden, auch nicht um die Möglichkeiten, die es heute gibt. Sieh die Gefahren, in denen sie durch Fortschritt und Freiheit stecken. Sieh die Schwierigkeiten, die ihnen die heutige Zeit bereitet. Sei aber auch bereit, von ihnen zu lernen: „Wenn ihr nicht werdet wie die Kinder." Und: Lass ihnen deine Erfahrungen im Glauben zukommen!

Kurt Rommel

Deine Enkel

Deine Enkel sind nicht deine Enkel.
Sie kommen durch dich, aber nicht von dir,
und obwohl sie bei dir sind,
gehören sie dir nicht.

Du kannst ihnen deine Liebe geben,
aber nicht deine Gedanken,
denn sie haben ihre eigenen Gedanken.

Du kannst ihrem Körper ein Heim geben,
aber nicht ihrer Seele,
denn ihre Seele wohnt im Haus von morgen,
das du nicht besuchen kannst,
nicht einmal in deinen Träumen.

Du kannst versuchen, ihnen gleich zu sein,
aber suche nicht, sie dir gleichzumachen.
Denn das Leben geht nicht rückwärts
und verweilt nicht beim Gestern.

Du bist der Bogen, von dem deine Enkel
als lebende Pfeile ausgeschickt werden.
Lass deine Bogenrundung
in der Hand des Schützen Freude bedeuten.

Nach Khalil Gibran

Warum es keinen Krieg geben kann

Als der Krieg zwischen den beiden benachbarten Völkern unvermeidlich war, schickten die feindlichen Feldherren Späher aus, um zu erkunden, wo man am leichtesten in das Nachbarland einfallen könnte. Und die Kundschafter kehrten zurück und berichteten ungefähr mit den gleichen Worten ihren Vorgesetzten, es gäbe nur eine Stelle an der Grenze, um in das andere Land einzubrechen.

„Dort aber", sagten sie, „wohnt ein braver, kleiner Bauer in einem kleinen Haus mit seiner anmutigen Frau. Sie haben einander lieb und es heißt, sie seien die glücklichsten Menschen auf der Welt. Sie haben ein Kind. Wenn wir nun über das kleine Grundstück ins Feindesland einmarschieren, dann würden wir das Glück zerstören. Also kann es keinen Krieg geben."

Das sahen die Feldherren denn auch wohl oder übel ein und der Krieg unterblieb, wie jeder Mensch begreifen wird.

Dieses schöne Märchen stammt aus China. Es macht deutlich, dass es keinen Krieg auf der Welt geben darf, weil dadurch viel menschliches Glück zerstört wird. Immer ist das durch den Krieg Zerstörte unbeschreiblich größer als das Gewonnene.

„Warum es keinen Krieg geben kann" – das bezieht sich aber nicht nur auf die Auseinandersetzung zwischen den Völkern, sondern auch auf die „Kriege" zwischen Familien, zwischen Vätern und Müttern, zwischen einzelnen Menschen und zwischen Gemeinschaften. Immer werden diese „Kriege" auf dem Rücken von Unschuldigen und Glücklichen ausgetragen.

So ist es auch mit den „Kriegen" zwischen junger und alter Generation. „Das ist die heutige Jugend", so hört man die älteren Leute über die Jugendlichen urteilen. Und die Jungen lästern: „Die Alten verstehen dies nicht mehr, man kann mit ihnen nichts mehr anfangen." Das Urteil auf beiden Seiten ist schnell gesprochen – oft unüberlegt und mit vielen Vorurteilen beladen.

Natürlich haben es Alt und Jung heute nicht immer leicht miteinander. Aber war das nicht immer schon so? Gab es nicht auch früher Spannungen zwischen jüngerer und älterer Generation? Spannungen, die gelöst oder getragen werden mussten?

Heutzutage mögen die Spannungen zwischen Alt und Jung schärfer und stärker in Erscheinung treten als früher. Aber haben nicht beide Seiten die Aufgabe, dafür zu sorgen, dass daraus keine „Feindschaften“ werden? Vielleicht könnten einmal die Älteren mit gutem Beispiel vorangehen und der heutigen Jugend wieder mehr Verständnis und Zuneigung, Geborgenheit und Liebe, Gelassenheit und Geduld entgegenbringen.

Mit Recht schreibt Bischof Georg Moser in seiner lesenswerten Schrift „Eine Rose in deiner Hand“ (Vom Älterwerden und Altsein): „Kaum etwas tut der Welt heute mehr not im Übergang zu einem neuen Zeitalter als Erfahrung, Gelassenheit und Reife.“

Das Charisma

Die Alten haben oft das Charisma,
Barrieren zwischen den Generationen
zu überbrücken,
ehe sie entstehen.
Wie viele Kinder haben Verständnis und Liebe
in den Augen der Alten gefunden,
in ihren Worten und ihren Zärtlichkeiten!
Und wie viele alte Menschen
haben von Herzen das inspirierte Wort
aus der Bibel unterschrieben:
„Eine Krone der Alten
sind die Kinder ihrer Kinder“ *(Spr 17,6)*.

Johannes Paul II.
an die Teilnehmer des „International Forum on Active Aging“ am 5.9.1980

Erst im Alter

Kindern wird man oft erst
im Alter gerecht,
dann stehen sie einem viel näher
als in jungen Jahren.

Alte Spruchweisheit

Alte und Kinder
haben vieles gemeinsam,
sie stehen nahe beieinander,
es ist wie bei einem Ring.
Man weiß nicht,
wo fängt er an,
wo hört er auf.
So ist es auch mit dem Lebensring.
Er schließt sich.

Alte Weisheit

Erst bei den Enkeln
ist man dann so weit,
dass man die Kinder
ungefähr verstehen kann.

Erich Kästner

Zum Namenstag meiner Enkelin

Der Bäcker bringt dir Kuchenbrot,
Der Schneider einen Mantel rot,
Der Kaufmann schickt dir, weiß und nett,
Ein Puppenkleid, ein Puppenbett
Und schickt auch eine Schachtel rund
Mit Schäfer und mit Schäferhund,
Mit Hürd' und Bäumchen, paarweis je,
Und mit sechs Schafen, weiß wie Schnee,
Und eine Lerche, tirili,
Seit Sonnenaufgang hör' ich sie,
Die singt und schmettert, was sie mag,
Zu meines Lieblings Namenstag.

Theodor Fontane

Wort eines Kindes an die Erwachsenen

Ich bin kein Apotheker,
nur ein Kind;
ich arbeite nicht im Labor der BASF,
ich bin nur ein spielendes Kind;
ich fördere nicht das Bruttosozialprodukt meines Landes,
ich bin nur ein spielendes Kind;
ich verbessere nicht
den Lebensstandard meiner Familie,
ich bin nur ein spielendes Kind.
Was ich tue,

lässt sich nicht verwerten,
ausstellen, verkaufen;
was ich versuche,
lässt sich nicht verzinsen;
was ich hier treibe,
erschließt keine neuen Energiequellen;
was ich entdeckt habe,
ist nichts für Fernsehen oder Zeitung.
Ich bin nur ein spielendes Kind,
aber ich bin dabei,
den Dingen auf den Grund zu kommen,
die Welt zu entdecken
und den Auftrag des Schöpfers zu begreifen:
„Macht euch die Erde untertan!“
Ich bin dabei,
den Dingen einen Namen zu geben.
Ich bin dabei,
ein Mensch zu werden.

Verfasser unbekannt

Kinder sind die Flügel des Menschen.

Aus Arabien

Drei Dinge sind aus dem Paradies geblieben:
Sterne, Blumen und Kinder.

Dante Alighieri

Kinder über ihre Großeltern

Großmütter wissen, was man tun muss, wenn wir uns nicht wohlfühlen. Sie haben für alles ein Rezept.

Jens

Wir brauchen die Großeltern. Wer könnte sonst Spaß mit uns machen und uns lieb haben?

Sascha

Zwei Omas und zwei Opas stehen einem normalerweise zu. Man bekommt aber nicht immer das, was einem zusteht.

Isabell

Ich liebe meine Großeltern und sie lieben mich. Das ist das einzig Wahre.

Tanja

Großmütter und Großväter können dir eine ganze Menge über deine Mami und deinen Papi erzählen, was dir deine Mami und dein Papi nie sagen würden.

Angelika

Großeltern hören dir immer zu, auch wenn du noch so viel und noch so lange redest.

Simone

Großeltern sind Menschen, die dich lieben, nicht weil du hübsch oder gescheit bist oder gute Zeugnisse hast, sondern weil du du bist.

Tobias

Wort an die Enkel

Verehre
deine Großmutter!
Ohne sie hättest
du keine Mutter!

Afrikanisches Sprichwort

topos taschenbücher

Gabriele Hartlieb

Warum wir unser Kind taufen lassen

Entscheidungshilfen für Eltern

104 Seiten

Band 1072
ISBN 978-3-8367-1072-5

www.topos-taschenbuecher.de